CONVERSATIONS AVEC LE PRÉSIDENT

SUR LES DIEUX, LA FRANCE ET LA RÉPUBLIQUE

SAMUEL PRUVOT

CONVERSATIONS AVEC LE PRÉSIDENT

SUR LES DIEUX, LA FRANCE ET LA RÉPUBLIQUE

LES ÉDITIONS DU CERF

www.editionsducerf.fr
24, rue des Tanneries
75013 Paris

ISBN 978-2-204-13940-3

Présentation

Cette élection, comme la précédente, peut encore réserver bien des surprises. L'incertitude est devenue la règle depuis qu'un certain Emmanuel Macron a bousculé le jeu politique. Lui-même doit composer avec de nouveaux courants contraires qu'il n'avait pas vu venir. L'arroseur est arrosé. Et il pourrait même affronter le spectre du clivage droite-gauche qu'il croyait avoir enterré. Quel oracle dira à l'avance l'issue de ce scrutin ? À quel saint peuvent se vouer les sondeurs sinon à sainte Rita, la patronne des causes désespérées ?

À l'incertitude de l'élection, s'ajoute une énigme concernant le candidat Macron. La première fois qu'il a surgi, dans la présidentielle de 2017, tout le monde croyait paradoxalement le connaître. Ses détracteurs, comme ses adulateurs, portaient sur lui des jugements définitifs.

Cinq ans plus tard, son bilan est si étrange que les mêmes ont du mal à répéter leurs commentaires manichéens. À vrai dire, ce n'est pas tant la politique d'Emmanuel Macron qui est insaisissable, c'est l'homme lui-même.

Comme un air de transcendance

À force de jouer son air du « en même temps », plus personne ne sait sur quel pied danser avec lui. Emmanuel Macron risque lui-même de s'y perdre. Tout le monde ou presque s'était mis d'accord sur le fait que ce jeune président avait un rapport différent avec la religion. Il parlait volontiers de « transcendance » et ne regardait pas de travers les citoyens qui se disaient croyants. Il semblait même échapper à cette guerre de Cent ans que se menaient encore les cléricaux et les anticléricaux. Lui-même n'avait-il pas fait son chemin dans une école jésuite jusqu'à demander le baptême ?

Manifestement, le quinquennat a donné quelques rides à cette promesse de nouveauté.

Présentation

La « révolution » qu'Emmanuel Macron promettait tambour battant pendant sa campagne n'a pas eu lieu. Son nouveau monde a été rattrapé par l'ancien. Certains se disent que la vieille grille d'analyse du XXe siècle peut encore servir. Certains verront donc chez lui trop de religion, trop de déférence pour les monothéismes et une sympathie coupable avec ceux qui professent leur foi en Dieu. D'autres jugeront au contraire qu'il a ressuscité un anticléricalisme d'un autre âge, s'insinuant dans les affaires du culte sous prétexte d'urgence sanitaire ou de lutte contre le terrorisme. Que penser ? Que dire ?

On peut reprocher beaucoup de choses à Emmanuel Macron. Mais force est de constater qu'il ne se défile pas toujours. Il aime venir au contact des gens et surtout des idées. Il a eu le courage de répondre à toutes mes questions (parfois) dérangeantes non seulement à l'aube de son quinquennat mais aussi à son crépuscule. L'exercice était périlleux. La conclusion de cet exercice ne peut tenir en une seule ligne. Pour moi, l'énigme reste entière. Plus je m'y penche, plus c'est un casse-tête… Le credo d'Emmanuel Macron est manifestement toujours en écriture. Il revient au lecteur – qui au final est un électeur – de juger en son âme et conscience de quoi il retourne.

Les deux corps du Prince ?

Est-il vrai, comme le dit Péguy, que la mystique finit toujours en politique ? Voire en politicailleries ? C'est sans doute une malédiction propre à notre pays que de rêver de grandeurs inaccessibles. Et de transformer chaque élection présidentielle sous la Ve République en tribunal du Jugement dernier.

La France, qui aime l'histoire longue, se sentirait-elle à jamais coupable d'avoir décapité son roi au point de désirer cette échéance avec une avidité toute charnelle ? La fascination de la nation a survécu à la disparition du royaume. Le prince ne s'appartient pas lui-même. Le Président non plus. Ce qui compte, c'est moins la foi personnelle d'un individu rivé à un petit tas de secrets que la croyance d'un élu embringué dans les tempêtes de l'histoire. Le chef de l'État possède un corps singulier et mortel tout en incarnant le corps collectif et immortel. Il revêt, le temps de son mandat, une double nature, une nature relative et une nature souveraine. L'homme peut mourir, décevoir, mentir, déguerpir ou périr, la fonction demeure.

Est-il vraiment raisonnable de demander à un simple terrien plus qu'il ne peut donner ? Derrière l'aura que lui confectionnent les communicants, le prétendant ne s'avère-t-il pas un vulgaire contemporain, un individu du commun ? Un pauvre bougre à qui nul ne devrait donner le Bon Dieu sans confession, une créature pétrie de contradictions, un pécheur en son for intérieur et qui risque de chuter à la moindre bourrasque médiatique ? De tels accidents ne sont pas rares. Ils sont le plus souvent létaux. Ils n'épargnent personne, pas même un candidat amateur des 24 heures du Mans, promis à gagner le rallye électoral avant son inexplicable sortie de route sous le coup d'une foudre justicière mystérieusement tombée du ciel.

Depuis quelque temps déjà, la fabrique à symboles et à rituels s'est enrayée. Les Françaises et les Français qui guettent avec passion le messie au détour de la présidentielle ne manquent pas de se sentir cocufiés à la fin des fins. Ils ont attendu Godot qui n'est jamais arrivé et n'arrivera jamais, sinon dans un cercueil. Il faudra que celle ou celui qu'ils ont porté au pouvoir l'ait quitté pour retrouver grâces à leurs yeux. La liste serait interminable à dresser de ces militants fougueux de la première heure, tous résolus à ce que cette fois soit la bonne et qui, se découvrant floués, ont perdu la foi en leur champion. Qu'il tombe le masque, ou que l'actualité brutale le lui arrache, et son visage défardé leur donne la nausée. À la manière des chasseurs de baleine s'en retournant au port, ils découvrent qu'ils n'ont point harponné de cachalot fantastique, mais au mieux un poisson rouge, au pire un vilain maquereau. Et dire que c'était en son nom qu'ils s'étaient repris à vouloir repousser la fatalité ! Car toute cette aventure, mêlant anathèmes et adulations, fut bien pour eux, jusqu'au jour funeste de la désillusion, une affaire de croyance.

Reste un labyrinthe sans fil d'Ariane, habité seulement par le vacarme des clashs, des bugs et des tweets quotidiens. La puanteur qui se dégage de la décomposition du politique, naguère pensé impérissable, dissuade désormais les citoyens de s'en approcher de trop près, même avec un masque FFP2. Toutefois, en réveillant les enfers, la crise pandémique a ressuscité la nostalgie du paradis. Et, avec lui, l'espoir de se relever.

Une question d'âme

Régulièrement, la France s'enivre d'élans patriotiques surgis des abysses de l'une ou l'autre de ses guerres de Cent Ans ou de ses débâcles de 40. Elle procède alors par enthousiasmes et tocades censés emporter sur leur passage les doutes qui la taraudent. Les crises qu'elle traverse ne sont que des hoquets qu'il lui faut dépasser et qu'elle dépassera, immanquablement. À nouveau, l'échéance de 2022 se présente comme la der des ders. Ça passera ou ça cassera. Le sursaut ou le déclin, au choix, comme si l'un excluait nécessairement l'autre.

Aussi, sans attendre, la mobilisation a-t-elle repris dans chaque camp. Et, avec elle, le psychodrame où se bousculent en quête d'un emploi majeur ou mineur potentats déchus, identitaires controuvés, centristes replets, gauchistes repentis, exaltés climatiques, animalistes furieux, qu'ils soient de vieux briscards matois ou de jeunes premiers opportunistes. Tous, leurs appétits d'ogres ravivés, réclament une place dans cette théâtrocratie qui a pour scène les planches vermoulues de l'Élysée, quand bien même il s'agirait d'un strapontin de figurant ou d'une boîte de souffleur.

Il est vrai que, pour l'heure, sur le vaste parterre plongé dans la pénombre, beaucoup de votants anonymes somnolent encore. Certains rêvent en souriant, d'autres ronflent avec une mine angoissée tandis que l'ouvreuse, arborant une tenue tricolore, grogne en les taxant d'abstentionnistes. Les machinistes ne savent plus s'ils doivent planter le décor des remparts de Troyes, avec ou sans cheval de bois. Dans les coulisses, n'ayant pas quitté leurs costumes d'apparat depuis la dernière représentation, s'agitent les sempiternels seconds rôles, l'imprécateur aux mille gueules retentissantes en play-back, le réconciliateur qui ne passera d'accord avec quiconque même en podcast, et tant d'autres, du rêveur debout au naturopathe puritain en passant par les fausses ingénues de droite ou de gauche. Les Françaises et les Français peinent à reconnaître dans la pantomime à laquelle se livrent ces protagonistes arborant le gris anthracite de campagne leur condition ordinaire.

Charles Péguy a eu raison de traquer dans son tréfonds, afin de le dépeindre, le providentialisme qui hante l'esprit français. Il a illustré ce dogme inconscient en exaltant Jeanne d'Arc, partie les cheveux en bataille retrouver la voie du sacre afin de restaurer la légitimité du pouvoir. Une Jeanne qui se sera muée en une Marianne, haute de trois pommes sur les barricades, emportant à sa suite les insurgés contre l'empire du mensonge à la conquête de la liberté. Il est des peuples qui vivent sans mystique. Pas les Françaises et les Français. Tôt ou tard, ils méprisent ceux qui rabaissent la politique à un coup de com permanent, incessamment indexé sur les chiffres du chômage, de l'immigration, de l'insécurité, de la pollution, de la capacité hospitalière ou de la puissance nucléaire. Et ils n'ignorent pas qu'à la manière des pronostiqueurs sportifs, les spécialistes de l'opinion qui se plaisent à les ausculter se trompent plus qu'à leur tour.

Mille paramètres circonstanciels entrent, certes, dans la danse. Mais il en est un mille et unième qui les surplombe. Celui qui révèle l'âme du candidat, sa possible densité, son éventuelle vacuité. Les Françaises et les Français savent, grâce au général de Gaulle, que la présidentielle est la rencontre silencieuse entre un homme et un peuple. Ils entendent scruter, chez chaque candidat, le sens qu'il se fait, ou non, du sacrifice, vérifier sa foi plus que ses promesses et mesurer ainsi sa capacité, ou non, à conduire le pays plus loin que le bout de son nez. Gouverner, c'est prévoir dit le proverbe. À vrai dire, gouverner c'est d'abord croire.

Le Credo dans la France

Des formes de croyance, la France en a connu de multiples qui reviennent toutes à sa foi en elle-même. L'une des dernières en date parsème ses paysages de monuments aux morts presque aussi nombreux que les églises médiévales qui lui servent de manteau. Dans la Somme, ce sont les grands cimetières des pires hécatombes de la Grande Guerre qui abondent, parfois menacés par les crues du fleuve au long duquel s'étale Amiens, la cité où naquit Emmanuel Macron. Se livrant à une itinérance mémorielle afin de rappeler qu'il a vocation à tutoyer l'histoire, le Président sortant a célébré, lors de sa visite du Circuit du Souvenir, le culte de l'unité nationale. Aucun chef de l'État n'échappe au souci de l'éternité. Après avoir été malmené par les sondages, mis à mal par les caprices, menacé par les émeutes, il doit se frotter un jour à l'absolu et l'invariance. À cette réalité insondable que ses lointains prédécesseurs, moins sécularisés, nommaient Dieu. Aucun dépositaire de la souveraineté n'échappe à cette rencontre au sommet.

Dieu et la France, la France et les dieux : jamais la Ve République n'avait expérimenté de Président se déclarant si ouvertement proche du fait religieux que le huitième par le rang et le plus jeune par l'âge qu'elle s'est donné en un demi-siècle d'existence. De Gaulle, en public, ne communiait pas et laissait ce soin à Charles en privé. Macron, au nom de l'État, est allé au-devant des Églises pour confier combien Emmanuel est épris de spiritualité. Puis, il s'est voulu le champion d'une stricte laïcité. Un tête-à-queue difficile à comprendre.

En fait, la France se fiche de savoir ce que le président-candidat met sous le vocable de transcendance, s'il en use de façon spontanée, fumeuse ou intéressée. Tout dépend, pour elle, en quoi Emmanuel Macron a mis sa croyance et s'il l'a mise en elle. La réponse, pour dire le moins, est incertaine. C'est pourquoi la France regarde Emmanuel Macron avec étonnement, nombre de Françaises et de Français avec circonspection. Et c'est la justification de ce livre que de tenter d'éclairer si ce n'est l'ambiguïté, disons l'ambivalence d'un mandat qui, placé sous le signe de l'en-même-temps, sera passé d'un extrême à l'autre dans son traitement de cet objet singulier entre tous qu'est le fait religieux.

Un président bi-face

L'affaire n'est en rien anecdotique. Le sort de notre génération aura été de voir les croyances de toutes sortes sortir des limbes de la modernité déconfite et revenir hanter l'espace politique à l'échelle internationale comme nationale. En cinq ans, le président irénique qui se refusait à faire de la laïcité un avatar de la religion et louait les communautés de conviction a laissé la place au chef ombrageux qui, face aux communautarismes de dissidence, bat le rappel de la laïcité combattante. L'homme de culture qui soulignait le haut prix des textes sacrés et de leur herméneutique s'est effacé derrière le légiste qui prescrit le total encadrement administratif des cultes et de leurs ministres. La Marianne repeinte aux couleurs du multiculturalisme mondialisé a disparu sous une nouvelle Athéna dotée d'armes massives contre le « séparatisme ». Fini l'évangéliste libéral, bonjour l'apôtre républicain, telle a été la décision du prince qui restera nue, mutique, dépouillé du moindre commentaire explicatif.

Le président aurait-il pris conscience de la montée des périls et aurait-il décidé de réagir, quitte à contraindre sa propre sensibilité ? Alors que le pouvoir inévitablement corrompt, surtout si on entend le préserver, n'aurait-il pas su résister à l'atmosphère toxique de cour qui empreint l'Élysée et subi l'influence de douteux conseillers ? Ou alors, sur ce point comme sur tant d'autres, n'aurait-il fait que suivre la pente autoritaire du système qu'il a instauré ? Sinon, et enfin, n'aurait-il pas cessé de se jouer des Françaises et des Français en empruntant des masques aussi interchangeables qu'antagoniques ?

En bref, par-delà l'apprentissage et l'usure du pouvoir, l'Emmanuel Macron de 2017 et l'Emmanuel Macron de 2022 sont-ils le même ? Ou, plutôt, parce que seule cette question importe désormais, où va-t-il d'un pas en apparence décidé mais à la destination en réalité indécidable ? Court-il, empressé, vers la grotte de Lourdes où les tours de la Défense ? Les deux ? Mais quel sens confère-t-il alors à ce grand écart ? Et son tous azimuts ne cacherait-il pas un manque de direction, une absence de certitude, un défaut d'identité ?

Un élan spiritualiste ?

Tout avait pourtant commencé mystiquement. Ce jeune candidat détonnait. Déjà, à l'adolescence, contre l'avis de son père, il avait demandé le baptême y voyant un symbole d'émancipation. Il assumait sa formation jésuite et affirmait sa fascination pour le pape François. Il était l'homme d'une passion amoureuse unique qui, bien que transgressive à l'origine, ne s'était pas démentie depuis. Il avait dit non à son mentor en politique, le président Hollande, et pris ses distances avec l'anticléricalisme raisonné, l'indifférence métaphysique et la prétention à la normalité dont se targuait ce dernier.

Tout s'était poursuivi sous le signe de l'inspiration. Le jeune candidat avait lancé une sorte de pèlerinage voué à recruter des anonymes aux carrefours des chemins pour en faire des marcheurs vers l'horizon messianique du Nouveau Monde. Quitte, pour ce faire, à préempter les icônes de l'ancien. Pendant la campagne de 2017, juste après sa déclaration de candidature loin des beaux quartiers parisiens, de retour vers la capitale, il avait fait une halte à la basilique de Saint-Denis. Le voilà qui prenait une posture monarchique à l'occasion de cette pause minérale, dans un silence de marbre, parmi les tombeaux des Rois de France. Ce n'était plus le vibrionnant gouvernant réformant à la hussarde qui figurait sur l'image mais le postulant grave quêtant l'aumône d'une onction. Il s'était mis ce jour-là à l'école de ses illustres prédécesseurs, tous deux anciens élèves des bons pères comme lui : Charles de Gaulle qui, en pieux catholique, pensait incarner la France millénaire ; François Mitterrand qui, malgré sa religion socialiste, croyait aux forces de l'esprit.

Le jeune candidat n'avait pas tardé à récidiver dans l'entretien qu'il avait accordé au journal *Le 1* : « Il y a dans le processus démocratique et dans son fonctionnement un absent », disait-il. « La Terreur a creusé un vide émotionnel, imaginaire, collectif : le Roi n'est plus là ! On a essayé ensuite de réinvestir ce vide, d'y placer d'autres figures : ce sont les moments napoléonien et gaulliste, notamment. Le reste du temps, la démocratie française ne remplit pas l'espace. [...] Pourtant, ce qu'on attend du président de la République, c'est qu'il occupe cette fonction. »

Sur sa lancée, le jeune candidat était allé jusqu'à déclarer au magazine *Challenges* qu'il récusait le laïcisme : « Aujourd'hui certains défendent une vision revancharde de la laïcité. Une laïcité qui, avant tout, pose des interdits [...]. Cette conception particulière entend reconstruire l'identité de la République contre un monothéisme – jadis le judaïsme ou le protestantisme, hier le catholicisme, aujourd'hui l'islam. Elle a déjà existé dans notre histoire, avec son lot de conflits. Elle conteste en réalité que la religion puisse s'intégrer dans la vie républicaine. C'est une version radicale et extrême qui fait recette sur les peurs contemporaines. Ce n'est pas ma conception et ce n'est pas notre histoire. »

Tout s'était conclu mystiquement. Le 7 mai 2017, le jeune président élu était apparu dans la cour du Louvre, marchant seul vers la pyramide, vers son destin qui se confondait désormais avec celui de la France. Image représentative de la sublimité de la fonction. Un symbole immémorial pour les royalistes et les républicains, initiatique pour les francs-maçons, esthétique pour les gens de culture, émouvant pour les quidams. Tous le contemplaient, ravis qu'il renoue les fils du temps au son de l'Hymne à la Joie.

Le chef des croyants

Tout avait recommencé mystiquement. Le jeune président en exercice avait entamé une longue tournée des cultes historiques, s'adressant aux juifs, aux catholiques, aux protestants, aux orthodoxes, aux chrétiens orientaux, aux musulmans en employant des formules, en émettant des promesses, en exprimant des attentes que nul avant lui, à la même place, n'avait voulu ou su proférer. Comme si les croyants, quelle que soit leur foi, étaient naturellement dévolus à la réussite de son mandat. Comme si les confessions dans leur ensemble devaient s'unir dans une religion civile dont sa personne serait l'épicentre.

Puis la joie s'est fanée, le climat a changé, l'enthousiasme a faibli. De crise politique en crise économique et de crise sociale en crise sanitaire, la magie initiale s'est tarie. Tandis que les jacqueries ont monté et que les Gilets jaunes ont failli incendier le palais, le petit prince, hier encore maître des horloges et des symboles, s'est encanaillé. *Exit* l'amateur de Beethoven et place, dans le vénérable bureau l'Élysée, aux danseurs du DJ Kiddy Smile en collants résille et lunettes noires ou, un peu plus tard, aux humoristes youtubeurs McFly et Carlito. Or, si le roi a deux corps, le second, quand bien même il lui est propre, ne saurait être celui d'un pitre.

Exit le protecteur des cultes et place dans l'hémicycle à une loi aveuglément répressive sur le renforcement des principes républicains et de la laïcité. Que s'est-il passé chez Emmanuel Macron ? Une mutation, une trahison ? L'habituelle dérive des hommes de pouvoir ? Ou Jupiter n'a-t-il été qu'une face de Janus qui, sous couvert de mystique, n'a cessé d'être politique ?

La France n'exige pas des candidats au pouvoir suprême la messe dominicale. Mais les Françaises et les Français attendent d'eux une confession de foi. Amoureux des planches, du risque et de la confrontation, Emmanuel Macron n'a pas dit non lorsque j'ai sollicité auprès de lui deux entretiens, le premier en début et le second en fin de mandat, portant sur un seul sujet : quelle religion se fait-il au fond de lui-même, de la présidence, de la France et du monde ? Le voilà donc, devant vous, à confesse.

Une vocation messianique

Cet exercice d'introspection, nous l'avons commencé ensemble dès la campagne présidentielle. Nous sommes au printemps 2017. Je l'interroge, en même temps que ses principaux rivaux (*Les Candidats à confesse* – Le Rocher) pour jauger l'épaisseur existentielle de ce candidat météorite. Quel est le creuset dans lequel il a été forgé ? Il répond en substance que la littérature a été son baptistère avant même son baptême sacramentel. Affirmation étonnante pour un homme taxé de banquier ambitieux et pressé. Le candidat fait un éloge marqué de la spiritualité ignacienne et de la transcendance (même si les contours de cette notion apparaissent chez lui évanescents).

Avouons-le, son appétit pour le surnaturel a quelque chose de rafraîchissant au sortir du quinquennat aride de François Hollande. On a envie d'être romantique comme Chateaubriand et de voir des signes de Dieu à l'œuvre dans notre roman national. Entre Clovis et Emmanuel Macron, on devine une certaine parenté. Certes Clovis a été baptisé adulte et Emmanuel Macron adolescent. Deux époques, deux itinéraires qui n'ont rien à voir en apparence sinon par un lieu : Amiens. C'est ici que Clovis est devenu roi des Francs, ici qu'Emmanuel a grandi dans le quartier chic d'Henriville. Chez eux, le baptême dans l'Église catholique correspond à un choix personnel mûrement réfléchi. Leur décision déroute leur entourage.

Pour ce jeune garçon prometteur qui vit dans les livres, ses parents veulent une éducation conforme à leur idéal bourgeois. Il étudiera à la Providence, tout à côté de chez eux, dans un établissement fondé par la Compagnie de Jésus en 1604. Mais à l'époque d'Emmanuel, le collège n'est plus dirigé par les jésuites. Cela dit, ses parents ne sollicitent pas saint Ignace de Loyola pour la religion ou l'intériorité mais pour l'ascension sociale. La « Pro » est un lycée monumental reconstruit après la guerre. Une salle de 600 places est disponible pour les spectacles... En 1991, la direction a embauché Brigitte Auzière pour enseigner le français : une femme stimulante, enthousiaste et pédagogue. Elle sait faire aimer la littérature aux lycéens. Elle suscitera aussi l'amour chez Emmanuel. Mais ceci est une autre histoire.

Emmanuel est un élève à part. L'adolescent est sociable mais pas vraiment à l'unisson de sa génération. À peine sorti du collège, il a déjà lu Giono ou Cocteau. Sa grand-mère surnommée Manette lui a offert ses vieilles « collections blanches » de Gallimard, avec lesquelles il s'est construit un langage bien à lui. Il lit *Le Roi des aulnes* de *Michel Tournier, Les Nourritures terrestres* d'André Gide, René Char ou encore Paul Éluard. Pour lui, le théâtre et la littérature ne sont pas des passe-temps mais une porte ouverte sur un autre monde. Ses parents ont visité le Mexique. Et ce lointain pays est devenu pour lui une obsession littéraire. Emmanuel a rédigé un premier roman intitulé *Babylone*. C'est l'histoire du dernier indien avant son extermination par les soldats de Cortez. Ses lectures nombreuses le conduisent loin et parfois bien au-delà des frontières de la culture familiale. Tout près du christianisme, du côté de Claudel et de saint Augustin. Emmanuel découvre un nouveau continent : la spiritualité. Cette découverte mystico-littéraire éclaire son choix du baptême qui déboussole ses parents. Notamment son père. Emmanuel veut en faire un marqueur d'émancipation. Son rapport à la foi n'est pas de l'ordre de l'héritage mais de l'acte de volonté. Son catholicisme est perçu comme une bizarrerie dans sa famille. Le jeune Emmanuel n'a pas bénéficié d'une éducation religieuse et il a pris seul la décision d'aller à l'église. Mais que se passe-t-il vraiment dans son âme adolescente ? Difficile à dire. Emmanuel Macron ne répond pas sur ce point. Il considère que l'intime, ce qu'il est au plus profond, doit être dissocié de sa dimension publique.

Une chose est certaine, quelque chose de la spiritualité jésuite anime toujours le candidat de 2017. Il est fasciné par ce mélange d'intelligence et de foi, par l'alliage entre la réflexion libre et le respect de la règle. Il a trouvé à la Providence une discipline de l'esprit et une réelle ouverture au monde. C'est un homme pour qui l'anticléricalisme est une guerre d'un autre âge, un clivage ringard tout comme celui qui oppose la gauche et la droite. Il se fait fort de vaincre le contentieux séculaire entre la République et l'Église. Même si d'autres que lui, comme Nicolas Sarkozy, ont essayé en vain de surmonter cette contradiction bien française. On va voir ce qu'on va voir…

Logiquement, le premier Macron porte en lui une promesse quasi biblique. Il suffit de reprendre la chronologie du quinquennat naissant pour s'en convaincre. Il prétend, tel un nouveau Moïse en cravate sombre, faire sortir la France vers la Terre promise. Il revendique comme programme l'espérance de Bernanos : « Le risque des risques. » Mais l'exercice du pouvoir se révèle plus chaotique. L'histoire politique n'est pas plus tendre que l'histoire sainte. Assez vite, un nœud étrangle la présidence. C'est un garrot que l'exécutif va nouer lui-même dans l'urgence face à la contestation sociale, au terrorisme ou à la pandémie. Le premier nœud va en susciter d'autres comme sur les ceintures en cordon des religieux capucins. Sous l'effet des épreuves, la sainte liberté évangélique revendiquée par Emmanuel Macron va se transformer en surveillance inquiète. Mais revenons au démarrage, au temps de la traversée de la mer Rouge et de l'innocence.

La visite à l'Élysée

Quand je rencontre Emmanuel Macron, le 21 décembre 2017, son aura est encore intacte. Le ciel est complètement bouché au-dessus de l'Élysée. Un vers de Charles Baudelaire, dans « Spleen », me hante malgré moi. Il évoque le « ciel bas et lourd qui pèse comme un couvercle ». Le climat est-il favorable pour parler avec lui métaphysique ? Je me console à moindres frais en me disant qu'il sera plus prolixe le jour de son anniversaire. Emmanuel Macron, lui, n'a pas le temps d'avoir des états d'âme. Il doit rencontrer le même jour, à huis clos, les représentants des cultes. Ses fiches sont prêtes. Son conseiller, Sylvain Fort, ne l'a pas dissuadé de récidiver avec moi. Au contraire. On sait, au Palais, que j'ai publié deux livres enquête sur François Hollande et Nicolas Sarkozy sous l'angle des religions.

En attendant devant l'Élysée, je rabâche mes questions. Un homme en uniforme me fait signe de traverser la rue Saint-Honoré. Pas besoin de badge : les invités du Président montent directement chez lui. Le gendarme qui m'accompagne est curieux de mon sujet d'étude. Lui se déclare spontanément musulman et républicain. Un signe ? Nous gravissons les marches jusqu'au grand vestibule.

Je suis pris en charge par un autre gendarme de la garde républicaine avant de gravir seul le grand escalier aux mille dorures. Tout ce décorum en impose et le visiteur a le temps de prendre conscience de la solennité des lieux et du statut extraordinaire de l'homme qui se cache là-haut.

Première conversation

Le Président est en retard. Évidemment. Il est en conciliabule avec des responsables de la Poste à propos d'une histoire de timbre anniversaire. Je croise une myriade de conseillers qui s'agitent devant les portes du salon doré présidentiel. J'entrevois Sylvain Fort. Soudain, Sibeth Ndiaye passe à toute allure avec un petit gâteau au chocolat dans les mains. Anniversaire oblige. Je relis mécaniquement mes questions, calé au fond d'un fauteuil. Concentré. Je sens quelqu'un s'approcher mais je ne relève pas la tête. Dommage, c'est le Président en personne qui est venu me chercher. Je m'attendais à voir Jupiter précédé de ses éclairs et je vois un homme aux yeux pétillants qui me tend simplement la main, tout sourire, en s'excusant de son retard. Je cherche mes mots. « Merci, Monsieur le Président, de me recevoir la veille de votre voyage en Chine... »

Direction le Salon Vert. Tout en marchant, j'ai le temps de lui demander s'il aime le chocolat. Il sourit d'un air complice en regardant Sibeth Ndiaye. « Je ne sais rien de ce qui se prépare... » Emmanuel Macron prend place sur un canapé vert d'eau du Mobilier national. Il demande un thé au citron. Puis se ravise en sollicitant en plus un café. Voilà jusqu'où peut aller le fameux en même temps macronien. Avant de l'interroger sur son baptême, j'expose rapidement mon projet. Mes investigations sur François Hollande où la religion est un trou noir, sans doute à cause de son éducation et de sa génération. Il confirme... Ensuite, Nicolas Sarkozy pareil à un volcan en éruption où le religieux est partout. En vrac. Il approuve encore. « Je viens vous interroger car je crois que le fait religieux structure votre pensée. » « Oui, c'est exactement ça... »

L'entretien va durer une petite heure. Intense, étouffant presque à cause de sa concentration extrême. Le Président me parle de son adolescence mystique, de Gide et Bernanos, de la transcendance, de la présence effacée des jésuites à la Providence. Il s'engage dans un long monologue sur les textes sacrés, l'herméneutique et Ricœur. Il parle de la mémoire, de la France et même de Chambord où il vient de fêter son anniversaire… Il se défend, en passant, des critiques concernant son style jupitérien. Pour terminer, je lui lance avec une déception feinte : « Emmanuel Macron lui-même est incapable de faire le tour du Bon Dieu en 60 minutes ? ! » Il se compose une fausse mine de vaincu avant de plonger ses yeux d'acier dans les miens à la manière d'une épée à double tranchant. En fait, c'est un conquérant qui ne recule devant rien, pas même les portes du ciel.

L'Orient décidément compliqué

Il faut se souvenir que le jeune Président, du haut de ses quarante ans, montre à l'époque un appétit gargantuesque. Toujours prêt à franchir un nouveau pont d'Arcole. Un des premiers obstacles rencontrés en chemin va être celui de l'islam de France. Un barrage de taille contre lequel tous ses prédécesseurs se sont cassé les dents. Même les plus pélagiens. Le 21 juin 2017, lors du traditionnel dîner du CFCM, le Président offre aux responsables musulmans un discours fleuve. Une date à marquer d'une pierre blanche, sur fond de menace terroriste permanente. Le résultat est mitigé. Emmanuel Macron insiste sur la nécessaire formation des imams sur le sol français et la conformité de leur discours avec les valeurs de la République. Et après ? Il en profite pour tacler l'islam politique : « Fonder son identité politique et sociale sur sa seule foi, c'est admettre que sa foi n'est pas compatible avec la République. » Le Président laisse entendre que sa présidence va déployer un grand dessein. Elle va enfin faire surgir – en dur – ce sempiternel château de sable de l'islam de France. Mais les obstacles qui restent à lever sont légion. Seul Dieu a une parole performatrice. Celle du Président résonne parfois dans le vide. Tant et si bien que la situation reste au point mort. Le Président ne sait pas trop comment saisir le Croissant.

Le 25 juillet 2017, il arrive devant le 1 rue des Fossés Saint-Bernard, à l'Institut du monde arabe (IMA). Mais c'est pour inaugurer la grande exposition « Chrétiens d'Orient, 2000 ans d'histoire ». Il a en tête toutes ces minorités religieuses menacées par le joug islamiste : les Yézidis en Syrie et en Irak, les Coptes en Égypte, etc. Emmanuel Macron a conscience de la gravité de la situation : « Les lieux saints sont comme des palimpsestes. Cette région porte toutes les religions de livre et elle est en train de devenir folle… » Il est urgent pour la France de trouver la bonne posture pour éviter le pire.

Macron marche sur les pas de Mitterrand. Au départ, l'IMA avait vocation à valoriser la civilisation du monde arabe, son savoir et son esthétique. Un lieu profane, complémentaire de la Grande Mosquée de Paris construite par l'État pendant l'entre-deux-guerres. Mais c'était avant l'explosion du terrorisme islamiste et ses métastases en France. Les temps ont changé. C'est la première fois, depuis son lancement en 1987, que l'IMA consacre autant de moyens aux minorités chrétiennes. Le grand public a compris que les Arabes chrétiens existaient avant l'apparition de l'islam n'en déplaise aux propagandistes de Daech.

Pour Emmanuel Macron, parler des chrétiens d'Orient est un passage obligé. Ce sujet brûlant ne peut rester l'apanage du candidat malheureux François Fillon. Le Président ne peut ignorer cette cause qui a ému tant de Français notamment lors de la prise de Mossoul par des djihadistes sanguinaires. La ville vient juste d'être libérée. En venant à l'IMA, le Président porte donc sur ses épaules le poids des siècles, des drames et des espoirs qui circulent entre Paris, Jérusalem et Damas. « Il y a une filiation évidente entre eux et nous. Les chrétiens d'Orient appartiennent à la religion du livre et vivent en son épicentre. Il ne faut jamais l'oublier. Ils ont su résister et je pense que c'est le cœur même du fait religieux. Nous faisons bégayer terriblement l'Histoire. Les chrétiens d'Orient revivent le martyre de leurs prédécesseurs qui ont construit la chrétienté telle que nous la connaissons chez nous. »

Pour la petite histoire, c'est un camarade de sa promotion de l'ENA – Charles Personnaz – qui a monté cette grande exposition avec le soutien actif de l'association Œuvre d'Orient. L'entreprise est titanesque : deux ans de préparation et 300 œuvres à collecter. Il faudra plusieurs centaines de milliers d'euros pour couvrir les frais de transport et d'assurance des œuvres d'art. Le message porté par l'exposition est clair : Le christianisme est né en Orient et les chrétiens sont chez eux là-bas. La richesse intellectuelle et artistique de leur civilisation démontre qu'il ne faut pas les réduire à des gens faméliques chassés des villes par Daech.

Emmanuel Macron se montre très attentif aux trésors artistiques déployés tout au long du parcours. C'est une plongée fantastique dans l'histoire des communautés chrétiennes du Proche et du Moyen-Orient au cœur de zones aujourd'hui sous tension comme le Liban, l'Égypte, la Syrie, l'Irak ou les Territoires palestiniens. Le Président est convaincu que l'art a un rôle politique. Il a clairement en tête de lancer une mission pour répertorier les actions de la République auprès des chrétiens d'Orient dans le domaine culturel. En passant par le détour du patrimoine, il peut s'aventurer sur le sujet ultrasensible de l'identité religieuse. Mais à quoi pense Emmanuel Macron en passant devant l'icône des Quarante martyrs de l'école d'Alep ? Sans doute est-il touché par ce témoignage de foi qui a traversé les vicissitudes de l'histoire. Peut-être médite-t-il, tout en marchant, sur la force de résilience étonnante de ces chrétiens en terre d'islam. Seront-ils un jour rayés définitivement de la carte du Proche Orient ? Leur disparition sera-t-elle le prélude de la nôtre ? « Nous autres, civilisations, nous savons maintenant que nous sommes mortelles, écrivait Paul Valéry. Nous sentons qu'une civilisation a la même fragilité qu'une vie. »

Pour fixer l'attention, Emmanuel Macron déclare devant un parterre de patriarches des différentes Églises d'Orient : « Vous êtes la trace vibrante de ce qui résiste à l'imbécillité des hommes. » Sont présents aussi le chanteur d'origine arménienne Charles Aznavour ou l'homme d'affaires copte égyptien Naguib Sawiris. Le message du Président se révèle conforme aux attentes des catholiques. Il insiste sur le fait que les chrétiens d'Orient ne sont pas des étrangers au-delà du Tibre et de l'Euphrate. Menacés, chassés, ils sont chez eux depuis plus longtemps que leurs agresseurs. « La France entretient une longue histoire avec les chrétiens d'Orient, une très longue histoire. [...] Cette histoire ne s'est jamais arrêtée, comme ne s'est jamais arrêtée la présence des chrétiens en Orient qui ont fait partie, qui ont construit la diversité culturelle linguistique, historique de l'ensemble de ces terres. » Emmanuel Macron s'engage à défendre cette diversité : « La France, comme elle l'a fait à travers le temps, continuera à protéger les chrétiens en Orient. » Emmanuel Macron le sait, les chrétiens d'Orient sont un marqueur politique en France. Ces derniers sont régulièrement l'objet d'une instrumentalisation politicienne. Pour le Président, le terrain ne peut être abandonné à ses opposants politiques.

Tournée œcuménique

Il y a les chrétiens d'Orient certes mais Emmanuel Macron ne perd jamais de vue ceux qui vivent en France. Il entend les rassurer. Le 26 juillet 2017, le Président s'invite au premier anniversaire de l'assassinat du père Hamel par des islamistes. L'archevêque de Rouen se disait que le vainqueur de la présidentielle ferait un jour le déplacement à Saint-Étienne du Rouvray. Mais pas si vite. Surtout que le 26 juillet 2017 tombe un mercredi, le jour du Conseil des ministres… Peu importe, pour Emmanuel Macron ce déplacement revêt une importance hautement symbolique. Pendant la campagne présidentielle, il avait déjà voulu honorer la mémoire du prêtre assassiné. Mais le projet était tombé à l'eau à cause d'un attentat sur les Champs-Élysées. À l'aube de son quinquennat, le Président veut montrer qu'il n'existe pas de cassure entre les croyants et les non-croyants, entre la République et les religions.

Un an après l'attentat, dans la petite église de Saint-Étienne du Rouvray, Emmanuel

Macron constate par lui-même les stigmates de l'agression terroriste. Sous la nappe blanche, le bois de l'autel est toujours criblé de plusieurs coups de couteau. Comme si le diable avait picoré frénétiquement à cet endroit, avant de guider le couteau de l'agresseur contre le vieux prêtre.

Après avoir assisté à la messe, le Président s'exprime depuis une tribune installée en plein air. « En assassinant le père Hamel au pied de son autel, les deux terroristes ont certainement cru semer parmi les catholiques de France la soif de vengeance et de représailles. Ils ont échoué. Mon premier mot sera donc pour remercier l'Église de France. » Cet hommage public aux catholiques est un baume après le quinquennat de François Hollande durant lequel ils se sentaient ostracisés. Le père Hamel incarne quelque chose de la France profonde. Il n'est pas un corps étranger mais la chair même de la nation affirme en substance Emmanuel Macron.

Dans les mois qui suivent, il poursuit sa présidence tambour battant en direction du ciel et de ses représentants. Le 22 septembre

2017, il prend la parole à l'occasion des cinq cents ans de la Réforme protestante. Les lustres en cristal de Baccarat réveillent les peintures de la salle des fêtes de l'Hôtel de ville de Paris. La minorité protestante – environ 2 % de la population française – est en attente de reconnaissance.

Ricœur, une passion socratique

Entre Emmanuel Macron et le protestantisme, il y a une figure qui résume tout. C'est celle du philosophe Paul Ricœur. Ce dernier était un croyant à rebours de son temps, formé à l'école du théologien Karl Barth. Dans son discours, Emmanuel Macron le désigne immédiatement comme le maître de sa jeunesse : « J'ai eu une chance extrême, je l'ai rencontré, et il m'a appris. Et je n'ai jamais bien compris pourquoi il avait accepté qu'un étudiant […] qui avait à peine une licence de Philosophie à l'époque, puisse devenir son assistant. […] La chose qu'il me disait le plus souvent, c'était : "Avec vous, je parle comme avec un contemporain. Vous avez l'âge de mes petits-enfants, ou arrière-petits-enfants, mais avec eux, je suis au sommet de l'arbre et je suis de plus en plus seul." [...] Nous avions un monde à partager, des lectures, des accords et des désaccords, mais nous étions contemporains, quelle que soit l'autorité qu'il avait sur moi. »

C'est peu dire que la rencontre avec Ricœur a compté pour le jeune Emmanuel. Pour sa formation philosophique sans doute mais plus encore pour sa spiritualité. Côtoyer le philosophe protestant a peut-être réveillé en lui la quête spirituelle de sa jeunesse. Ostracisé après mai 1968, Ricœur n'a pas la cote en France. C'est un quasi inconnu pour le grand public y compris pour l'étudiant de l'IEP Paris qui le rencontre pour la première fois un soir de 1998 aux Murs-Blancs. À l'époque, le vieux philosophe cherche de l'aide pour mener à bien la dernière grande œuvre de sa vie. Ricœur a quatre-vingt-six ans et il n'a plus la force d'aller seul à la BNF de Tolbiac, de pousser les portes et de déplacer les volumes. Le vieux Ricœur vient aussi de perdre Simone, la compagne de toute sa vie. Emmanuel, lui, fête ses vingt-deux ans printemps. Il dévore le savoir de manière boulimique avec une prédilection pour la philosophie qu'il étudie à Nanterre. Notamment Hegel et Machiavel.

Entre nous, Emmanuel Macron n'en fait-il pas trop à propos de Ricœur ? Faut-il vraiment accorder tant d'importance à son passage dans ce domaine des Murs-Blancs peuplée d'arbres centenaires ? Oui, parce que ce lieu est inspiré. Il a été choisi par Emmanuel Mounier pour être le cénacle permanent de la revue *Esprit*. Les résidents y ont vécu en communauté avec femmes, enfants et bibliothèques. Ce phalanstère accueille l'historien de l'Antiquité Henri-Irénée Marrou ou encore l'écrivain Jean-Marie Domenach.

Emmanuel a conscience de côtoyer avec Ricœur un être à la sagesse socratique. Pour cet intellectuel, la philosophie et le christianisme sont compatibles : « Je suis, d'un côté, un philosophe tout court [...]. Et, de l'autre, un chrétien d'expression philosophique, comme Rembrandt est un peintre tout court et un chrétien d'expression picturale. » L'étudiant découvre avec lui les joies et les peines de l'herméneutique. Ce mot qui vient du grec *hermêneutikos* signifie expliquer. Dans la tradition chrétienne, l'herméneutique permet à la fois de trouver le sens littéral de la Bible et son sens spirituel. En plus du goût pour l'herméneutique, Emmanuel Macron emprunte au philosophe une certaine idée de la laïcité : « Mon maître Paul Ricœur parlait de cette tentation qui toujours nous guette d'un réveil militant qui tend à faire du camp laïque, une religion ».

Le protestantisme ou l'Amérique

Cinq cents ans de la Réforme. Emmanuel Macron sait que cet anniversaire est particulièrement solennel. Il faut remonter à 1985 pour trouver une adresse présidentielle aux protestants français. Tous les mots comptent. Parmi les détracteurs d'Emmanuel Macron, certains lui reprochent son libéralisme teinté de protestantisme. En un mot son « américanisme ». N'est-il pas arrivé largement en tête chez les électeurs protestants au premier tour de la présidentielle ? L'essayiste Régis Debray le trouve « néo-protestant ». C'est vrai que le rapport à l'argent introduit par le protestantisme aux Temps modernes a repris avec lui un coup de jeune. Le chef de l'État assume : « Il est bien évident que le libéralisme économique implique une rupture et c'est ce qu'il démontre parfaitement avec les liens de féodalité, que la propriété matérielle suppose des individus libres de disposer d'eux-mêmes et qu'au serf succède le citoyen, que la place prise dans la société parce que les équilibres du libéralisme politique et d'un capitalisme naissant permettaient est aussi celle qui donne à l'individu la possibilité d'une émancipation. »

Capitalisme, protestantisme, le nouveau monde de Macron va assez bien avec celui né de la Réforme. Les deux sont faits pour s'entendre. Emmanuel Macron se distingue cependant de ses prédécesseurs en expliquant que l'essentiel de la Réforme relève de la foi. Cette centralité surnaturelle est chère au chef de l'État : « Comme président d'une République laïque, je serais tenté de saluer l'œuvre séculaire des protestants pour les libertés en France. Ce serait éluder quelque peu ce qui vous réunit ici : ce serait éluder votre foi. » Le Président ne veut pas se limiter à une vision culturelle des religions. Ces paroles sont à même de séduire la mouvance évangélique qui se targue d'ouvrir une église tous les dix jours en France. En pleine expansion, les évangéliques, héritiers de la Réforme radicale (anabaptistes, mennonites…) et des réveils piétistes, représentent déjà un tiers du protestantisme français.

Il y a quand même des sujets qui fâchent. Les mêmes évangéliques sont dubitatifs quand le Président évoque la bioéthique. « Je souhaite que notre nation soit en capacité de savoir construire par ses controverses des consensus féconds, c'est-à-dire des consensus où, ce qui n'est pas toujours le propre de la République française, mais ça l'est de l'esprit protestant où le consensus naissant de la controverse, il reconnaît la part du dissensus irréductible dans la société mais aussi les chemins qui permettent d'avancer. » Comment appliquer cette méthode à la révision des lois de bioéthique ? Les évêques catholiques, de leur côté, ont déjà fait savoir au Président qu'il ne fallait pas toucher à l'équilibre de la loi Léonetti sur la fin de vie. Ni ouvrir la voie à la PMA ou à la GPA au nom du principe de précaution et de la défense de l'enfant à venir. La bataille s'annonce serrée. Un certain nombre de catholiques affûtent leurs arguments en vue des États généraux de la bioéthique en janvier 2018.

Du dîner du Crif aux Bernardins

Peu importe, le jeune Président au style bonapartiste est toujours en quête de glorieuses campagnes. Le 7 mars 2018, Emmanuel Macron est invité au dîner du Crif. Il est attendu au tournant. Il s'exprime dans le cadre solennel du Carrousel du Louvre qui a été le théâtre de sa victoire. Il se dit vigilant face à la montée de l'antisémitisme, soucieux d'enrayer le « déferlement de la haine » sur Internet. Mais hostile à l'idée de Donald Trump de transformer Jérusalem en capitale de l'État hébreu. Certains responsables de la communauté juive restent sur leur faim. Ils sont très inquiets face à la montée du terrorisme islamiste. Les alyas des juifs français – ces exils volontaires vers Israël – se multiplient. Elles sont à la mesure des angoisses concernant l'avenir hexagonal. Emmanuel Macron tente encore de rassurer : « Il y a ce pacte séculaire entre la République et les juifs, qui est ce pacte pour l'universel et pour l'espérance. »

L'espérance justement est mise à rude épreuve par les islamistes. Le 23 mars 2018, le colonel Arnaud Beltrame est blessé à mort à Trèbes. Il s'est substitué à un otage au cours d'une attaque terroriste. Son sacrifice volontaire, face à un djihadiste, provoque un retentissement énorme dans tout le pays. Converti récemment au catholicisme, Arnaud Beltrame fréquentait assidûment l'abbaye de Lagrasse où il se préparait au mariage. Durant l'hommage national qu'il préside, le Président scrute les racines de son héroïsme hors du commun : « Accepter de mourir pour que vivent des innocents, tel est le cœur de l'engagement du soldat. Être prêt à donner sa vie parce que rien n'est plus important que la vie d'un concitoyen, tel est le ressort intime de cette transcendance qui le portait. Là était cette grandeur qui a sidéré la France. »

La grandeur est-elle possible sans transcendance ? Emmanuel Macron sait que les deux sont intimement liés.

C'est dans ce climat sacrificiel qu'il s'adresse, le 9 avril 2018, aux catholiques sous les voûtes du collège des Bernardins. C'est un magnifique écrin monastique restauré de fond en comble par le cardinal Lustiger pour être un point de contact entre le temporel et le spirituel. « C'est un lieu inspiré – impossible que ça ne lui fasse pas un peu d'effet ! » glisse avec humour Mgr Michel Aupetit tandis qu'il remonte à vive allure la nef médiévale. Pour le nouvel archevêque de Paris, accueillir ici un président de la République est une première. Pour l'Église catholique aussi. Une fois n'est pas coutume, c'est la Conférence des évêques de France (CEF) qui a invité Emmanuel Macron.

En franchissant le seuil, Emmanuel Macron découvre quatre cents invités triés sur le volet par la CEF. Prisonniers de leur chaise, les auditeurs frémissent et chuchotent en devinant le Président surgir dans leur dos. Le Président a promis de venir parler les yeux dans les yeux avec la communauté catholique. Accompagné de son épouse, le chef de l'État s'avance d'un air anormalement hésitant comme s'il cherchait des yeux un visage ami. Le cadre impressionne. N'est-ce pas ici que Benoît XVI a prononcé un discours mémorable devant le monde de la culture ?

Chacun est venu prononcer son discours de la méthode. Pour la CEF, il s'agit de prendre acte de la volonté de dialogue en vérité entre l'Église et l'État notamment sur les questions bioéthiques. Pour imprimer sa marque, le Président veut rompre avec le style de son prédécesseur François Hollande. Tourner la page est pour lui un impératif. Emmanuel Macron aime à répéter que la laïcité n'est pas une arme braquée contre les chrétiens. Il espère être entendu par les plus militants d'entre eux après l'épisode désastreux de la loi Taubira. Pourquoi le gouvernement précédent (il en était pourtant solidaire) avait-il pris le risque de réveiller la guerre des deux France et l'époque rageuse du petit père Combes ?

Une paix armée

Le chef de l'État sait que l'heure n'est pas au combat frontal avec les catholiques. Au pire, ce sera la paix armée. « Il nous faut apprendre le dialogue dans une société de plus en plus plurielle confie Mgr Georges Pontier avec son accent méridional chantant. Je crois que c'est le seul chemin pour exister sinon on se fera la guerre. » Au collège des Bernardins débute une timide lune de miel entre le Président et l'Église. Mgr Aupetit commente à chaud : « On sent bien que nous sommes en présence d'une laïcité ouverte. Il y a chez lui une réelle volonté de dialogue. Reste à voir ce que ça va donner dans les faits… » C'est donc l'histoire qui tranchera.

L'Église soigne l'image qu'elle veut renvoyer au Président. En insistant sur son rôle social au travers des personnes « vulnérables » prises en charge par des associations catholiques. Le premier binôme à s'adresser au Président crève l'écran. Au sens propre et figuré. Samuel est une personne autiste qui vit dans une communauté de l'Arche. Il s'avance au pupitre accompagné de son frère Florent. C'est au tour du Président de parler. « Nous partageons confusément le sentiment que le lien entre l'Église et l'État s'est abîmé, et qu'il nous importe à vous comme à moi de le réparer. » Il met la barre très haut au risque de décevoir ensuite. Déjà un tweet assassin de Jean-Luc Mélenchon dénonce une atteinte à la laïcité. Ce qui importe, c'est de remettre les catholiques dans le circuit de la vie publique. Beaucoup de ceux qui ont participé à la Manif pour tous sont désabusés. Emmanuel Macron veut les cajoler. « Pour des raisons à la fois biographiques, personnelles et intellectuelles, je me fais une plus haute idée des catholiques. Et il ne me semble ni sain ni bon que le politique se soit ingénié avec autant de détermination soit à les instrumentaliser, soit à les ignorer. »

Les catholiques prennent acte de sa volonté de les replacer au cœur de la nation. Le plaidoyer du Président est clair : « Je suis ici ce soir pour vous demander solennellement de ne pas vous sentir aux marches de la République, mais de retrouver le goût et le sel du rôle que vous y avez toujours joué. » Certains veulent y voir une nouvelle ère. Le dialogue existe mais attention : c'est le Président qui décide à la fin notamment sur les questions de bioéthique. S'il invite les chrétiens à partager ses « incertitudes », c'est lui qui décidera. Les chrétiens, aussi « certains » qu'ils puissent être, n'auront pas de part à la décision finale.

Personne ne demande à Emmanuel Macron de guérir les écrouelles comme au temps de Saint Louis. Cela dit, certains exigent de lui une certaine adéquation entre les gestes la parole. On s'interroge sur la capacité du Président à faire évoluer le cadre législatif sans violenter les convictions des croyants. Certains doutent comme saint Thomas. Emmanuel Macron, quant à lui, assume d'ores et déjà que certaines choses puissent évoluer et que les catholiques en soient insatisfaits… Dans les relations entre l'Église et l'État, il théorise un inconfort pour les deux parties. Emmanuel Macron et les catholiques ne dialoguent pas sur un sofa mais sur une planche de clous. À bon entendeur salut.

La lune de miel semble malgré tout se poursuivre avec les catholiques. Emmanuel Macron attend d'ailleurs d'être reçu à Rome par le pape François. Une rencontre censée effacer un fâcheux malentendu qui remonte à la campagne présidentielle.

Le camouflet du pape

En 2017, le candidat Macron se dit fasciné par l'aura médiatique de François et par son profil atypique et progressiste. Ce qu'il admire d'abord chez l'ancien archevêque de Buenos-Aires, c'est sa façon peu académique de bousculer les certitudes dogmatiques. Car la force de ce pape, pour Emmanuel Macron, c'est justement son rayonnement au-delà du cercle des catholiques pratiquants. Depuis que François a été désigné par le magazine américain Time comme la personnalité la plus influente, ce dernier ne cesse de surprendre. François fait mouche quand il parle des richesses ou de la mondialisation, du rôle de la femme ou encore des tentations du pouvoir. Le pape s'engage sur le terrain politique à la manière audacieuse d'un prophète. Immigration, écologie : il passe au crible les raisons d'agir des puissants de ce monde.

Mais revenons au malentendu originel entre Emmanuel et François. L'événement se déroule le 29 avril 2017, entre ciel et terre, dans l'avion qui ramène François au Vatican après une visite éclair en Égypte. Ce dernier est venu soutenir la communauté copte en proie aux attentats et à la persécution. Il est préoccupé par le risque des « populismes démagogiques » qu'il a pointé, la veille, à l'université Al-Azhar. À chaque voyage pontifical, la coutume veut que le pape réponde dans l'avion aux journalistes qui l'accompagnent. L'heure est venue de leur faire face avec son sens aiguisé de la formule. François se tient debout avec son petit micro. Il est un peu sonné après 27 heures de marathon pastoral en Égypte mais il ne se dérobe pas aux sollicitations de la presse. En France, c'est l'entre-deux-tours de la présidentielle. Beaucoup de catholiques français se sentent perdus après l'élimination de François Fillon.

Virginie Riva, journaliste à Europe 1, pose la question rituelle au Saint-Père : « Très Saint-Père, vous avez appelé à la dénonciation des populismes, je vous interroge sur la situation politique en France où les catholiques sont désorientés. Pourriez-vous donner des éléments de discernement ? » Le boulet de canon est lancé. Même si le pape est un peu surpris, il sait parfaitement esquiver les pièges médiatiques. François ne peut donner de consignes politiques, lui qui prône la non-ingérence. Il saute à pieds joints dans la fournaise de la présidentielle française avec sa soutane blanche. « Je vous le dis sincèrement : je ne saisis pas bien la politique intérieure française. J'ai cherché à avoir de bons rapports avec le président Hollande. Il y a eu un conflit autrefois [sur le mariage pour tous, puis sur la nomination de l'ambassadeur de France près le Vatican], mais on a pu en parler. » La suite ne manque pas de sel. « Marine Le Pen, c'est la droite dure. » Sidération. En Amérique latine, cette formule va de soi. Pour nous européens, ce terme n'est pas en usage pour qualifier l'extrême droite. Quant à Emmanuel

Macron, le pape le balaye d'un mot cruel : « L'autre, je ne sais pas d'où il vient. » La petite phrase provoque un énorme remous parmi les vaticanistes.

Virginie Riva a tendu le fruit défendu au pape. Et ce dernier a mordu dedans. La réponse du pape est transformée en dépêche. Pour l'équipe de campagne de Macron, c'est l'incompréhension. Comment penser que le pape puisse ignorer les enjeux d'une élection en France ? Pour le candidat d'En Marche ! qui se prépare à son duel final contre Marine Le Pen le coup est d'autant plus rude qu'il était imprévisible. Décidément, les choses s'enveniment avec les catholiques. Rappelons que, pendant l'entre-deux tours, l'Église catholique n'a pas pris position contre Marine Le Pen contrairement à tous les autres responsables religieux.

Comment laver cet affront du pape ? La victoire présidentielle fait tout oublier ou presque. Emmanuel Macron a reçu, comme le veut le protocole, un courrier de la part du chapitre Latran, la cathédrale du pape. La lettre est signée par un vieux prélat français qui porte le titre de « préfet pour l'abbaye de Clairac ». Une appellation qui remonte à la conversion du roi Henri IV au catholicisme qui fit don au chapitre du Latran des revenus de cette abbaye bénédictine du Lot-et-Garonne. Invité à prendre possession de son titre honorifique à Rome, le nouveau chef de l'État ne boude pas son plaisir. En novembre 2017, le Président accepte officiellement son titre de « premier et unique chanoine honoraire » de cette basilique romaine. Il fait aussi savoir qu'il entend venir prendre possession de son titre lors d'un prochain déplacement à Rome. Sans préciser la date.

À l'exception du Président Pompidou dont le décès prématuré n'avait pas permis qu'il fît le voyage de Rome, tous les Présidents de la Ve République ont accepté le titre de Chanoine d'honneur du Latran. Tous ne l'ont pas fait cependant avec une égale spontanéité. Mitterrand, connaisseur de l'histoire et homme de culture mais politiquement obligé à une distance avec l'Église, avait pris des précautions sémantiques et n'était pas venu prendre possession de sa stalle. Les Présidents élus classés à droite ont pris possession de leur stalle et ceux classés à gauche, s'en sont abstenus. Faute de confesser la foi chrétienne, Emmanuel Macron reconnaît en creux l'importance des relations entre la République et le Vatican. Son geste a un sens politique. Venir prendre possession de son titre à Rome est une manière de se distinguer à nouveau de son prédécesseur. Un symbole de plus pour casser toute idée de filiation entre lui et le Président soi-disant « normal ». Emmanuel Macron veut mettre fin à l'ère de la rupture. Il entend toujours renouer des « liens abîmés » entre la République et l'Église. Abîmés par qui ? Mais par François Hollande ! La comparaison est vite faite avec la première visite de François Hollande au Vatican. Le 21 janvier 2014, la rencontre officielle entre les deux François était intervenue dans un contexte de crispation. Si François Hollande avait accepté son titre de chanoine, il n'avait pas voulu en prendre possession. La visite de François Hollande avait été marquée par les débats sur le mariage pour tous et par la tentative franco-américaine d'opérer des frappes contre la

Syrie, en août 2013, ce contre quoi le pape François s'était personnellement élevé. Les deux François faisaient la grimace.

Pour Emmanuel Macron, l'impératif est donc de réchauffer les relations entre la France et le Saint-Siège. De tourner la page. L'idéal serait même de faire du pape un allié. Entre jésuites on peut se comprendre ! ? Emmanuel Macron prépare activement sa première visite. On parle d'une rencontre autour du 13 décembre 2017. À l'occasion de la traditionnelle messe annuelle pour la prospérité de la France *(« pro felici ac prospero statu Galliae »)* célébrée en la basilique Saint-Jean-de-Latran. Mais les agendas ne collent pas. Le jour tant attendu survient le 26 juin 2018.

Embrasser François…

Ce matin-là, Emmanuel et Brigitte quittent en trombe le palais Farnèse en Maserati. Le Président laisse derrière lui la majestueuse ambassade de France en Italie. Direction le Vatican. Le convoi fonce vers la cour Saint-

Damase. C'est la cour d'honneur du Palais apostolique, là que sont reçus les chefs d'État et de gouvernement, les ambassadeurs accrédités près le Saint-Siège, et aussi les évêques en visite ad limina. Sur place, le soleil semble vouloir cuire les vieux pavés bosselés. Tandis qu'un vent léger fait frémir les plumes d'autruche rouges des gardes-suisses ainsi que la soutane de Mgr Georg Gänswein, le préfet de la maison pontificale. Silence solennel. Pour l'occasion, le drapeau tricolore flotte dans l'azur du petit État du Vatican. Aucun nuage à l'horizon : au sens propre et figuré. Dès l'arrivée du Président français, les gardes suisses pointent leurs hallebardes vers le ciel avant de se figer dans la lumière incandescente. Brigitte Macron apparaît soudain dans un élégant tailleur noir tenant en main une mantille. Les mauvaises langues disent qu'elle a du mal à marcher sur le sol inégal avec ses Louboutin.

Comment ne pas être saisi par la grandeur minérale qui se dégage de cet espace conçu par les papes de la Renaissance ? La cour est fermée sur trois côtés par trois étages de loges :

à l'ouest, la façade de l'ancien palais pontifical, au Nord, la façade du palais de Grégoire XIII, à l'Est, la façade du palais de Sixte-Quint où se situent désormais les appartements pontificaux. En rang d'oignons, les gentilshommes du pape qui serrent la main d'Emmanuel Macron ont l'air de sortir d'un autre siècle avec leurs décorations ostensibles et leur petit nœud papillon blanc. Rien ne vient troubler cet instant sinon les appareils des photographes qui crépitent. Emmanuel Macron s'engouffre tout sourire dans le Palais apostolique derrière le préfet de la maison pontificale.

Pour aller à la rencontre du pape, le Président doit d'abord traverser des salles chargées de souvenirs et de secrets. Il est précédé par les gentilshommes qui marchent d'un pas lent. Le second étage, dit noble, est celui des audiences. Il a été entièrement rénové par Paul VI. Les salles successives de la Clémentine, des Sediari, de Saint-Ambroise, du Tronetto et la bibliothèque privée sont recouvertes de tissus aux tons pastel. Le Président est entré dans une autre temporalité.

Le pape François apparaît dans la petite salle du Tronetto. C'est la coutume d'accueillir les chefs d'État dans cette antichambre de la bibliothèque privée. François lance en français à l'adresse de son invité : « Soyez le bienvenu ! » Ils se serrent la main chaleureusement devant quelques témoins privilégiés avant de s'enfermer ensemble dans la bibliothèque. Dans l'agenda du pape, le prochain rendez-vous est fixé à 11 h 15. Ce qui laisse un peu de marge au Président français – sachant que les audiences avec les chefs d'État durent en moyenne 30 minutes. Le pape et le Président s'installent de part et d'autre du bureau. Seul le traducteur, le père Jean Landousie, une pointure de la diplomatie vaticane, est témoin des échanges. Sans doute les deux hommes parlent-ils de la crise migratoire qui défraye la chronique avec la récente mésaventure du navire l'Aquarius que l'Italie a refusé d'accueillir.

En réalité, cette audience échappe à tous les radars médiatiques. Pour la délégation du Président et les journalistes aux aguets, le temps s'arrête. Les vaticanistes chevronnés ont les yeux rivés sur leur montre. Donald

Trump est resté 29 minutes avec le pape, Barak Obama 50 minutes. Chaque observateur y va de son pronostic. Chaque minute compte. Avant le départ, l'Élysée avait prévenu : « C'est la rencontre de deux hommes qui ne se connaissent pas encore directement. Ils peuvent avoir des convergences sur certaines idées, chacun dans son registre, une connivence intellectuelle autour de la formation jésuite. C'est surtout la rencontre de deux caractères forts au-delà des enjeux diplomatiques. Autrement dit, il n'y a pas d'ordre du jour. Si le pape parle de bioéthique, Emmanuel Macron lui répondra. Mais comme c'est lui notre hôte, c'est lui qui décidera. » Certains voudraient bien se transformer en petite souris pour entendre les échanges dans la bibliothèque privée. Mais tous doivent patienter. Y compris les 17 membres de la délégation du Président, parlementaires, élus, personnalités du monde médiatique ou associatif. On approche maintenant des 50 minutes d'entretien, un record établi par Erdogan. Jusqu'où le chef de l'État ne montera-t-il pas ? Incroyable. Emmanuel Macron est resté 57 minutes avec le pape François, plus que tous les chefs d'État ayant défilé depuis le début du pontificat.

Tout se précipite à nouveau. Le temps est venu pour Emmanuel Macron de présenter un par un les membres de sa délégation au pape. Avec Jean-Yves Le Drian, son ministre des Affaires étrangères, ex-maire de Lorient, le Président lance une boutade : « C'est un Breton. Il y a des Bretons partout ! Les Bretons, c'est la mafia française ! » Une mafia « morale » sourit le chef de la diplomatie française – histoire de se distinguer de la pègre italienne qui n'a évidemment pas très bonne presse au Vatican. Immédiatement, les réseaux sociaux s'enflamment dans l'Hexagone comme si certains traits d'humour avaient du mal àfranchir les Alpes. Manifestement, tout le monde est en train de chercher la petite phrase choc. À défaut des « instituteurs » de Nicolas Sarkozy (qui avaient défrayé la chronique après son voyage à Rome) les Bretons pourraient faire l'affaire ? Dans les appartements du pape, l'ambiance semble bon enfant. Emmanuel Macron poursuit sa présentation. François voit arriver l'écrivaine Caroline Pigozzi, auteur de nombreux ouvrages sur le Vatican. Quand Emmanuel Macron lui glisse son nom le pape répond du tac au tac avec son air malicieux : « Je sais… la femme terrible ! »

Dans ce ballet protocolaire, tous les gestes ont du poids. En particulier la petite séance traditionnelle des cadeaux qui vient clore l'audience privée. Le pape offre une fusion en bronze réalisée par le maître Guido Veroi qui représente saint Martin. La scène est célèbre : le saint à cheval, avec son armure romaine, est en train de donner son manteau à un pauvre. Le pape commente en mélangeant maladroitement le français et l'italien : « C'est la vocation des governanti à protéger les pauvres… tutti siamo poveri… » De son côté, Emmanuel Macron est venu avec un cadeau très réfléchi. Il s'agit d'une édition en italien du « Journal d'un curé de campagne » de Georges Bernanos. Entre le pape François et Bernanos il y a une sorte de fraternité sur le fond et la forme. « Le bon Dieu n'a pas écrit que nous étions le miel de la terre mais le sel. Or, notre pauvre monde ressemble au vieux père Job sur son fumier, plein de plaies et d'ulcères. Du sel sur une peau à vif, ça brûle. » On dirait du François mais cela vient tout droit de Bernanos.

La dernière scène est celle qui marquera sans doute l'histoire, même si elle est muette. Contrairement à l'usage, Emmanuel Macron ne quitte pas le pape par une simple salutation. Il lui met la main sur l'épaule. Et au moment de se séparer, l'accolade se transforme en embrassade. Ce geste de proximité est inédit. On n'imagine pas le pape François tomber dans les bras de Donald Trump, de Joseph Kabila ou de la reine d'Angleterre !

Pour Emmanuel Macron, il est temps de devenir chanoine. Il est 15 heures à Saint-Jean de Latran et les nombreux invités attendent son arrivée. Tout est prêt pour la cérémonie en présence de Mgr Angelo Donatis, archiprêtre de l'archibasilique. Le chef de l'État fait son entrée par la porte de bronze monumentale, comme auréolé par le soleil ardent de la ville éternelle. Il faut dire que cette porte massive servait déjà au Sénat romain. Tout en ce lieu parle d'histoire.

Fondé au IVe siècle par l'empereur Constantin, le bâtiment fait cent mètres de long et 65 mètres de large et rivalise avec la basilique Saint-Pierre. C'est ici que se trouvait le siège de la papauté jusqu'au début du XIVe siècle. Cinq conclaves s'y sont déroulés et les fameux accords du Latran y furent signés en 1929.

« Dieu éternel, secours-moi »

Emmanuel Macron s'avance dans la nef, au son d'un alléluia médiéval de Jean Mouton. L'assemblée s'assoit pour entendre une lecture de la lettre de saint Paul aux Colossiens. L'Élysée avait voulu faire croire que cet évènement n'avait rien de religieux. Pieux mensonge républicain. Aucun des participants ne doute de son caractère éminemment liturgique. Suivent des intentions de prière avec un refrain en latin *Te rogamus, audi nos* (Seigneur exauce, nous). On prie notamment pour « la France, tous ses habitants et ceux qui la dirigent ». Après le *Pater noster* (notre Père) une oraison solennelle vient conclure ce long moment de prière :

« *Omnipotens sempiterne Deus, in, cuius manu sunt hominum corda et iura populorum, respicebenignus ad eos qui nos in potestate moderantur* » (Dieu éternel et tout puissant, toi qui tiens en ta main le cœur des hommes et garantis les droits des peuples, viens en aide à ceux qui exercent le pouvoir). Emmanuel Macron semble à sa place dans ce cérémonial qui le relie mystérieusement à la monarchie française et à la papauté.

Sur un ton modeste, il remercie ensuite les prélats et l'assemblée : « J'ai décidé d'accepter cette invitation, car elle appartient à une tradition de concorde, d'amitié entre la France et le Vatican, à laquelle je suis attaché. » Le style est l'homme même selon le naturaliste Buffon. Mais quel est exactement celui du chanoine Macron ? Toute la science d'un botaniste ne suffirait pas pour classer le style du président dans cette riche arborescence qui a fleuri entre Paris et Rome depuis Henri IV. Sans doute n'est-il pas du côté des cactus, ces dirigeants français allergiques à la papauté comme d'autres au gluten. Mais il serait déraisonnable de le confondre avec un lys immaculé. Ni avec un chêne enraciné comme le général de Gaulle.

Une chose est certaine, le Président veut des relations cordiales avec le pape. Cela signifie donc qu'il faut y mettre du cœur. Le programme officiel indique ensuite une « rencontre de M. le Président de la République avec les ecclésiastiques, religieuses et religieux français résidant à Rome et les laïcs engagés dans des activités en lien avec l'Église ». Dans la salle des Empereurs, trop petite pour contenir tant de monde, on a ouvert en grand les fenêtres pour ne pas suffoquer. On se demande ce que va pouvoir dire Emmanuel Macron alors qu'il a renoncé à faire un discours officiel contrairement à Nicolas Sarkozy…

Le Président abandonne le petit texte préparé par ses collaborateurs. Il improvise : « La laïcité française, qui parfois, est un mystère – nous en avons longuement parlé ce matin avec Sa Sainteté le pape François – ça n'est pas la lutte contre une religion ! C'est un contresens ! C'est une loi de liberté, la laïcité. C'est la liberté de croire et de ne pas croire, et c'est donc la possibilité pour chaque individu de croire résolument, absolument. » Le Président revient à une idée qui lui tient à cœur. Il estime que les rapports entre l'Église et la République obéissent à une tension féconde. Il faut savoir parler de tous les sujets qui fâchent (des lois bioéthiques qui arrivent en France, des relations entre les religions, des migrants). Les catholiques sont à nouveau prévenus. Le dialogue ne sera jamais un exercice de tout repos : « Nous aurons donc beaucoup de temps intranquilles devant nous, et nous ne l'avons pas choisi. L'évolution de la société est ainsi faite. » La cordialité n'enlève pas la rugosité. L'histoire des relations entre la République et l'Église catholique ne sera pas demain un long fleuve tranquille.

Le temps des épreuves

En France, la présidence Macron connaît ses propres soubresauts. En mai 2018, Priscillia Ludosky, une habitante de Savigny-le-Temple (Seine-et-Marne), met en ligne une pétition intitulée : « Pour une baisse des prix du carburant à la pompe ! » C'est l'étincelle d'une jacquerie postmoderne qui va mettre le feu aux poudres. Le grand incendie qui couve se déclare le 17 novembre 2018. Près de 300 000 personnes parées de gilets jaunes occupent de nombreux ronds-points, péages et barrages à travers l'Hexagone. On connaît la suite. C'est la hantise des dirigeants que de perdre le contact avec le peuple. Et cette peur est amplement justifiée.

Les épreuves se multiplient pour Emmanuel Macron. Parfois, la République et l'Église les affrontent ensemble. C'est le cas en ce triste 15 avril 2019 où le ciel de Paris s'embrase d'une lumière effrayante au-dessus de l'île de la cité. C'est Notre-Dame de Paris qui brûle… Le sinistre s'est déclaré en début de soirée dans la célèbre charpente qui abrite des chênes qui remontent au XIIIe siècle. L'incendie se révèle vite immaîtrisable : les flammes détruisent intégralement la flèche, les toitures de la nef et du transept. Scène d'horreur sous les yeux médusés des Parisiens : la flèche dans sa chute provoque l'écroulement de la voûte de la croisée du transept. De leur côté, des centaines de pompiers sont mobilisés pour sauver la structure globale de l'édifice et épargner les deux tours, ainsi que la façade occidentale. Rapidement sur place, le Président assiste au travail acharné des soldats du feu qui va se poursuivre toute la nuit. Conscient de l'énorme émotion suscitée par l'embrasement de Notre-Dame, il loue la résilience des Français face aux épreuves : « Au cours de notre histoire, nous avons bâti des villes, des ports, des églises. Beaucoup ont brûlé ou ont été détruites par les guerres, les révolutions ou les fautes des hommes. À chaque fois, à chaque fois, nous les avons reconstruites. » Il sait que Notre-Dame parle à tous les Français, bien au-delà du cercle des catholiques pratiquants. C'est un joyau qui concentre le roman national mais ce joyau n'a pas les promesses de l'éternité : « L'incendie de Notre-Dame nous rappelle que notre histoire ne s'arrête jamais, jamais et que nous aurons toujours des épreuves à surmonter et que ce que nous croyons, en quelque sorte, indestructible peut aussi être atteint. Tout ce qui fait la France matérielle et spirituelle est vivant et, pour cette raison même, est fragile et nous ne devons pas l'oublier. » Emmanuel Macron, par prudence ou pudeur, ne s'attarde pas sur les symboles chrétiens qui sont en jeu dans ce drame planétaire suivi en direct par toutes les chaînes du monde. La France est certes spirituelle mais ses contours restent bien flous dans la tête du Président.

Face à la peste

Peu à peu, la magie du premier Macron s'évanouit. Le Président imagine-t-il que le pire est encore à venir ? Loin de la France, hors des radars, une crise sanitaire majeure est en train de naître en Chine. Un « patient zéro » a été signalé le 17 novembre 2019 dans la province de Wuhan. En France, le nouveau coronavirus provoque un premier décès en janvier 2020. La pandémie poursuit sa course à une vitesse exponentielle. Six mois après, la Covid-19 touche 196 pays. Neuf millions de personnes sont contaminées et on compte près de 500 000 morts.

Le monde occidental se fige comme une machine en surchauffe que l'on redoute de faire exploser. La politique française – comme toutes les autres – consiste à protéger les populations vulnérables en rognant les libertés fondamentales de tous les citoyens. Situation effarante pour un Président chantre du Progrès et des libertés. En mars 2020, survient le premier confinement. Le second, en octobre 2020. Le fondateur d'En marche est à l'arrêt comme tous les autres. Le temps passe et les illusions avec. La crise sanitaire bouscule tout sur son passage y compris la liberté religieuse. Le Président des libertés est contraint de baisser pavillon devant la pandémie. France est confinée entre quatre murs, ses libertés aussi. La liberté de culte est aussi minée par le virus.

Mais les évêques, si placides d'habitude, se rebiffent. Dans un courrier solennel adressé au Président le 28 octobre 2020, Mgr Éric de Moulins-Beaufort lui demande de maintenir la possibilité de « participer à la prière de son culte ». Le spirituel fait-il partie des biens essentiels ? Faire ses courses est vital mais faire ses prières ! ? La plupart des membres du gouvernement n'y entendent pas grand-chose en liturgie et se demandent pourquoi les catholiques accordent tant d'importance à ce mystère qu'ils appellent « eucharistie » ? Le ministre de l'Intérieur et des Cultes suggère que la prière domestique est équivalente aux célébrations qui se déroulent à l'église… Dans une démarche inhabituelle, le président de l'épiscopat français formule trois demandes au Président : permettre aux Français d'aller au cimetière pour la Toussaint le 1er novembre, maintenir l'exercice du culte et enfin garantir le bon fonctionnement des aumôneries publiques. Est-ce trop demandé ?

Beaucoup de catholiques voient rouge. Ils prêtent à Emmanuel Macron de mauvaises intentions. Comme si le Président, mû par une hostilité secrète envers l'Église, planifiait leur mise au pas. Sans doute que les catholiques prêtent au chef de l'État trop de pouvoir et d'imagination. Ce dernier essaye de se débattre contre la pandémie, donnant pas mal de coups dans le vide, armé des avis contradictoires des scientifiques. Le résultat, c'est que la liberté a pris la poudre d'escampette :

liberté de se mouvoir et liberté de culte. Partout l'État prétend faire la chasse au virus. Les catholiques souffrent et râlent comme beaucoup d'autres, surtout ceux qui n'en peuvent plus des messes sur leur petit écran. Les esprits s'échauffent et les contentieux se multiplient un peu partout. Sollicité par plusieurs associations, le Conseil d'État ordonne au gouvernement, le 29 novembre 2020, de revoir son décret limitant à 30 personnes le nombre de fidèles autorisés à assister aux cérémonies religieuses. La jauge est jugée disproportionnée. Pourquoi mettre sous le même rapport la vaste église Saint-Sulpice à Paris et une minuscule chapelle de campagne ? Humiliation suprême pour le président Macron qui se voit contredit publiquement à cause d'une mesure technique dont il n'a sans doute pas la paternité directe. Mais c'est au Président d'assumer et d'encaisser cette brouille avec les catholiques qui vient s'ajouter au sempiternel débat sur la bioéthique.

Emmanuel Macron doit aussi faire face à une autre tempête de force 11 sur l'échelle de Beaufort. Ce mauvais grain n'est pas un phénomène nouveau malheureusement. Depuis plusieurs années, le terrorisme islamiste frappe directement notre pays. Nous avons appris à nos dépens que les actes terroristes qui se commettent sur le territoire national sont très souvent le fait de nationaux. Emmanuel Macron veut frapper les esprits concernant la lutte contre le terrorisme. Ce faisant, il prend le risque de reporter aux calendes grecques d'autres discours apaisés sur la laïcité ou sur l'islam de France. L'urgence est mauvaise conseillère parait-il ?

Un discours martial

Emmanuel Macron veut déclarer la guerre au séparatisme islamiste. Il expose son plan le 2 octobre 2020, dans le cadre symbolique des Mureaux. Cette commune des Yvelines est à elle seule le symbole des affres des banlieues françaises. Située à une quarantaine de kilomètres de Paris, la municipalité avait déjà fait l'objet d'un déplacement de Manuel Valls pour y dénoncer l'« apartheid social, territorial et ethnique ». Emmanuel Macron est lui aussi passé aux Mureaux lorsqu'il était candidat en 2017. Il avait défendu une « politique assumée de discrimination positive » pour les habitants des quartiers sensibles. « Je veux dans les quartiers remettre un imaginaire de réussite républicain ». Un imaginaire aux antipodes de l'islamisme radical qui mine les quartiers sensibles. C'est aux Mureaux que travaillait le commandant de police abattu avec sa compagne lors d'un attentat revendiqué par l'organisation État islamique en juin 2016.

« Le problème n'est pas la laïcité, affirme Emmanuel Macron. [...] La laïcité, c'est la neutralité de l'État et en aucun cas l'effacement des religions dans l'espace public. Le problème, c'est le séparatisme islamiste. Ce projet conscient, théorisé, politico-religieux, qui se concrétise par des écarts répétés avec les valeurs de la République, qui se traduit souvent par la constitution d'une contre-société et dont les manifestations sont la déscolarisation des enfants, le développement de pratiques sportives, culturelles communautarisées qui sont le prétexte à l'enseignement de principes qui ne sont pas conformes aux lois de la République. » Mais comment lutter contre l'islamisme sans stigmatiser les citoyens musulmans ? L'équation est difficile – voire insoluble. Le Président s'en défend : « Je ne demande à aucun de nos citoyens de croire ou de ne pas croire, de croire un peu ou modérément, ça n'est pas l'affaire de la République. » Emmanuel Macron annonce qu'un projet de loi sera présenté en Conseil des Ministres le 9 décembre, pour renforcer la laïcité et consolider les principes républicains.

Plusieurs mesures sont dans les tuyaux. Le Président martèle son ambition de former et de promouvoir une génération d'imams qui défendent un islam « pleinement compatible avec les valeurs de la République ». Il ajoute, à l'adresse des associations, que toute demande de subvention sera désormais conditionnée à la signature d'un contrat de respect des valeurs de la République. Ceux qui ne le respectent pas devront rembourser. Les croyants musulmans ne sont pas les seuls concernés. Tout le monde est logé à la même enseigne alors que la République est bien placée pour savoir que les chrétiens ne menacent pas plus l'ordre public que le Mont-Blanc ne fait de l'ombre aux plages de Saint-Tropez. Le Président ne veut pas rentrer dans les détails. Il faut agir au nom de l'égalité et de la sécurité, quitte à taper à côté des islamistes.

Le Président veut agir au niveau de l'école. Il compte interdire l'instruction à domicile suivie par près de 50 000 enfants. Les recteurs découvrent des enfants totalement hors système. Les préfets ferment des écoles illégales, souvent administrées par des extrémistes religieux. C'est vrai, mais plusieurs voix s'élèvent en faisant valoir que l'instruction à domicile n'est pas l'école des terroristes. Au pire, c'est le refuge de quelques parents originaux en souffrance avec les méthodes de l'école de la République. Pourquoi museler la liberté religieuse en général pour contrôler les islamistes en particulier ?

La plupart des mesures contre le séparatisme apparaissent injustes et mal ciblées. Quant au grand discours sur l'islam de France, il demeure en jachère : « J'ai confiance dans les Français de confession musulmane, explique Emmanuel Macron, et dans leur capacité à se mobiliser pour contribuer à cette bataille républicaine contre le séparatisme islamiste, dans leur volonté de s'organiser aussi, pour bâtir un islam des Lumières. Ce n'est bien sûr pas le travail de l'État que de structurer l'islam, mais nous devons le permettre, l'accompagner. »

Les difficultés se concentrent assez logiquement sur les articles 26 à 44 de la loi séparatisme qui concernent les cultes. Lui, Emmanuel Macron, le chantre de la liberté accepte de la brimer. Au nom de la lutte contre l'islamisme. Les croyants sont inquiets. Pourquoi ? Le texte de loi tend à confondre, dans ses motifs comme dans ses dispositions, le traitement du terrorisme et celui du religieux. Au Royaume-Uni ou en Allemagne, on distingue politique sécuritaire et politique religieuse. Mais plus en France… La laïcité, initialement conçue, dans l'esprit de Briand, comme un régime de protection des libertés, se voit transformée en instrument de contrôle des conduites et des croyances religieuses, au nom des « valeurs » que l'État définit.

Cela sent le roussi. Jadis la liberté était le principe et l'interdit l'exception. Maintenant, c'est le contraire ! Qu'est-il arrivé à Emmanuel Macron ? Ce projet de loi n'opère pas un simple toilettage de la loi de 1905 : il bouscule le droit libéral sous l'effet d'un sentiment de peur panique. La peur des islamistes.

Qui a éteint les Lumières ?

Les islamistes, eux ne désarment pas. Le 16 octobre 2020, un professeur d'histoire-géographie, est sauvagement assassiné par arme blanche et décapité à la sortie de son collège de Conflans-Sainte-Honorine. Son assassin est un islamiste fiché S d'origine tchétchène. Sa mort provoque la consternation. Dix jours auparavant, Samuel Paty avait montré des caricatures de Mahomet issues du journal satirique Charlie Hebdo lors d'un cours d'enseignement moral et civique sur la liberté d'expression.

Le 21 octobre 2020, depuis la cour de la Sorbonne, lieu symbolique de l'enseignement universitaire, le président de la République lui rend un vibrant hommage national. Comment démontrer que Samuel Paty n'est pas mort pour rien ? N'est-il pas le symbole de l'impuissance française face au terrorisme islamique ? « Samuel Paty incarnait le professeur dont rêvait Jaurès affirme le Président avec une émotion contenue. Reviennent comme en écho les mots de Ferdinand Buisson : "Pour faire un républicain, écrivait-il, il faut prendre l'être humain si petit et si humble qu'il soit [...] et lui donner l'idée qu'il faut penser par lui-même, qu'il ne doit ni foi, ni obéissance à personne, que c'est à lui de chercher la vérité et non pas à la recevoir toute faite d'un maître, d'un directeur, d'un chef, quel qu'il soit." "Faire des républicains", c'était le combat de Samuel Paty. » L'émotion est à son comble. Et Samuel Paty apparaît comme un professeur héros face aux apprentis islamistes de tous bords. « Il fut tué parce qu'il incarnait la République qui renaît chaque jour dans les salles de classe, la liberté qui se transmet et se perpétue à l'école. » Dans l'épreuve, Emmanuel Macron pare la République d'une aura presque religieuse : « Samuel Paty est devenu le visage de la République, de notre volonté de briser les terroristes, de réduire les islamistes, de vivre comme une communauté de citoyens libres dans notre pays. » Pour Emmanuel Macron, l'équation devient de plus en difficile. Comment réduire les islamistes sans rogner les libertés religieuses des autres ? « Nous continuerons, ce combat pour la liberté et pour la raison dont vous êtes désormais le visage parce que nous vous le devons, parce qu'en France, professeur, les Lumières ne s'éteignent jamais. » Mais, Monsieur le Président, la foi et les Lumières ne font pas toujours bon ménage en France. Sauf dans l'utopie du « en même temps ».

En réalité, rien ne va plus entre Emmanuel Macron et les religions. Les promesses du départ semblent se fracasser contre les dures réalités de l'histoire. Il en va ainsi avec la loi contre le séparatisme mais aussi avec le projet de loi bioéthique qui revient à l'Assemblée nationale en juin 2021. L'Église catholique a fait connaître son opposition dès le départ. Elle acte désormais la volonté de l'exécutif de passer outre avec des mots forts qui ne figurent pas d'habitude dans le langage très diplomatique des évêques. L'archevêque de Rennes,

Mgr Pierre d'Ornellas, affirme à propos de la PMA sans père : « Qui peut admettre qu'une loi établisse une telle injustice ? Tout être humain provient indubitablement d'une lignée maternelle et d'une lignée paternelle. Il a le droit d'avoir un père et une mère. La loi ne peut bafouer ce droit, surtout au pays des droits de l'homme. » Le discours des Bernardins promettait une concertation, une écoute de la parole prophétique de l'Église. Emmanuel Macron donne la fâcheuse impression d'avoir laissé parler les catholiques dans le vide et d'avoir poussé dans le sens qu'il avait décidé tout seul. « Au respect inconditionnel qu'appelle la dignité s'est substitué le pouvoir exercé sur l'être humain venant au monde, s'indigne Mgr d'Ornellas. Ce dernier n'est plus accueilli pour lui-même, mais pour satisfaire des désirs individuels qu'exauce la technique toute-puissante. » La messe est dite.

En attendant le jugement dernier

Bioéthique, liberté religieuse, islam de France, etc. Emmanuel Macron est-il finalement un politique comme les autres. Un maître de l'illusion qui séduit avant d'engendrer immanquablement la déception. Pourtant, il avait promis d'en finir avec la politique à papa et le radical-socialisme de François Hollande. Selon la formule cruelle d'Henri Queuille, les promesses n'engagent que ceux qui les écoutent. C'est vrai que les Français sont volontiers crédules. Mais pas longtemps. À l'excès de confiance succède un excès de défiance. Voilà le moment que doit affronter Emmanuel Macron. La raison n'a plus sa place dans l'arène politique française où les symboles et les passions parlent plus fort que les meilleurs programmes.

Emmanuel Macron peut-il encore séduire en 2022 ? Dieu, dans l'Apocalypse, a toute autorité pour faire des reproches à ses amis : « Ce que j'ai contre toi, c'est que tu as abandonné ton premier amour. » Le Président, simple mortel, est tout nu devant les électeurs. Surtout après être passé par la broyeuse du pouvoir qui a déchiqueté son bel habit de Petit prince. Ce livre ne veut pas trancher à la place des urnes ni se perdre en analyses et conjectures.

Je laisse à d'autres spécialistes le soin de charrier des commentaires plus ou moins éclairants. On ne dissèque pas l'âme d'un Président au scalpel. Il faut la peser du mieux possible et estimer le poids de ses engagements successifs aux prises avec les forces contraires de l'actualité.

La question n'est pas tant de savoir si Emmanuel Macron ira ou non au paradis. Laissons Jésus Christ en dehors des prédications de la présidentielle. Notre question, c'est le salut de la France. L'essentiel est de savoir sur quelles fondations le Président veut être réélu. Ce livre offre un document inédit et brut au travers des longues réponses du Président. C'est un plaidoyer où l'avocat se défend du mieux possible lui-même en espérant à nouveau convaincre. Chacun mesurera l'écart entre le premier entretien et le second. Entre les promesses du conquérant et les justifications d'un homme qui a pris le risque de régner, de trancher et de se tromper.

Dans l'Égypte ancienne, le défunt était jugé à la plume de Maât, la déesse de la vérité et de la justice. Le mort devait rendre compte de ses actions et de sa manière de vivre sur Terre. Entre le livre des morts des Égyptiens et la présidentielle, il y a une lointaine analogie. Le bilan d'Emmanuel Macron pèse-t-il assez lourd ? Il s'agit bel et bien d'une question de vie ou de mort pour le candidat qui peut demain terminer aux oubliettes de l'Histoire, dévoré par Ammout, la dévoreuse des âmes impures. À la place des antiques divinités égyptiennes se dressent maintenant des millions d'électeurs qui tiennent en main le sort d'Emmanuel Macron. Moment de vérité et de pesée nationale. Son cœur est-il assez pur ? ! Question naïve et pourtant primordiale car l'électeur ne donne jamais sa confiance à un inconnu. Car la religion d'Emmanuel Macron deviendra forcément un peu la sienne. Et le Français n'aime pas croire en n'importe quoi.

EMMANUEL MACRON

ENTRETIEN DU 21 DÉCEMBRE 2017

Pourquoi avez-vous demandé le baptême, à l'âge de 12 ans, sans y avoir été poussé par vos parents ?

Je viens d'une famille laïque. À la maison, le sujet religieux avait peu d'importance. Ma famille était de tradition catholique, mais elle avait accédé à la conscience politique au moment de mai 1968. Ce qui voulait dire qu'elle mettait sa gloire à n'avoir aucun rapport avec la religion. Mes parents sont de la même génération que François Hollande et ils partagent un peu les mêmes réflexes vis-à-vis du religieux. Je dirais les mêmes traumatismes.

La religion n'était donc pas un sujet pour moi. Il n'y avait ni rejet, ni obsession ; cela n'existait pas, tout simplement. Sauf peut-être la question anthropologique car mes parents lisaient beaucoup sur les religions, mais j'étais encore trop jeune pour comprendre. Ce point sera important pour moi ensuite car il me donnera la capacité de pouvoir comparer les choses.

Quelle a été l'influence religieuse de « Manette », votre grand-mère maternelle ?

Ma grand-mère a beaucoup compté pour moi. Son rapport à la religion était rentré, à l'image de ce que la religion pouvait représenter chez les anciennes générations, dans nos campagnes françaises. C'était quelque chose dont on ne parlait pas beaucoup, une réalité à l'égard de laquelle on avait une certaine pudeur… La religion forgeait les petits rites du quotidien sans que personne ne prétende avoir accès à une quelconque métaphysique. Ma grand-mère avait construit sa vie professionnelle par l'école de la République. Dans les provinces françaises, cette école prônait une certaine émancipation par rapport au religieux et aux « bigotes ».

Comment entrez-vous à la Providence à Amiens chez les pères jésuites ?

Je suis arrivé, par les hasards de la carte scolaire, en classe de sixième dans un établissement privé sous contrat. Pour mon père, cela a été un grand traumatisme tant il était attaché à l'école républicaine. Autant que je m'en souvienne, le collège du coin n'était pas terrible… Pour la petite anecdote, le collège où je devais aller au départ était celui que ma grand-mère avait fondé. Mais, avec le temps, son niveau avait basculé. Au terme d'un conflit, mes parents ont fait le choix de la Providence – comme cela se passe souvent dans les familles de classes moyennes supérieures qui aspirent à progresser au sein de la société.

C'est à la Providence que vous avez eu envie de devenir chrétien ?

J'ai été avec des gens qui pensaient différemment. Le contact avec certaines personnes m'a fait découvrir une autre réalité. Je me suis mis à lire. Ces lectures étaient ambivalentes… Il ne s'agissait pas des *Confessions* de saint Augustin mais d'une certaine littérature catholique française, notamment Gide et Bernanos et, un peu après, Claudel. J'ai eu un moment de ma vie résolument plus « mystique ». J'ai eu le sentiment d'avoir compris quelque chose, j'ai voulu comprendre davantage, j'ai ressenti… Il y avait chez moi la volonté d'un lien avec une transcendance. J'ai assumé tout cela familialement. J'ai donc souhaité être baptisé.

Cela dépasse donc une religion purement sociologique ?

Mon itinéraire allait de pair avec tous les rituels d'une école privée catholique sous contrat, comme la communion. Mon baptême, c'est donc le mélange d'un sentiment intime, métaphysique, avec le contact avec d'autres jeunes gens engagés dans la même démarche. À la suite à mon baptême, j'ai eu un véritable engagement pendant deux ou trois ans. Cet engagement va s'étioler pour différentes raisons. Pourquoi ? Sans doute parce que je n'aimais pas tous les rites qui allaient avec le catholicisme ni leur caractère enfermant. Cela dit, j'ai toujours gardé cette intuition au fond de moi. Au fil des amitiés, ce lien a ressurgi au contact de Paul Ricœur ou de la revue *Esprit*.

Qu'est-ce qui détermine aujourd'hui votre rapport à la religion ?

Il y a deux choses qui structurent mon rapport à la religion. Le premier, c'est le fait que je ne mette rien au-dessus d'un certain lien avec la métaphysique parce que cette dernière fait partie de notre vie. Le second, c'est le rapport au texte lui-même.

Le texte sacré ?

Le rapport au texte sacré est toujours révélateur de la manière dont on considère la religion, le culte et la vie en société. Moi, j'ai toujours aimé les commentaires des textes sacrés. Nous, les catholiques, nous sommes en général très mauvais dans ce domaine. J'en veux pour preuve les prédications ennuyeuses dans les églises ! La Parole est souvent saccagée. Une homélie bien faite, c'est pourtant tellement passionnant ! Je remarque que les catholiques sont beaucoup moins bons que les protestants et les juifs sur le sujet. J'ai toujours beaucoup aimé les protestants car ils ont un rapport à l'herméneutique plus développé. Il n'y a pas chez eux de hiérarchie. Or, chez les catholiques, on a l'impression que la présence d'une hiérarchie justifie de ne pas faire les choses. Quelqu'un d'autre est censé le faire à votre place ! Le caractère non ecclésial de la religion protestante a pour conséquence directe de lier l'autorité à la capacité d'expliquer le texte. J'ai retrouvé cette particularité chez Ricœur. Cette disposition m'a toujours impressionné. Un bon pasteur, c'est quelqu'un qui sait mieux commenter le texte sacré que son copain ! Il y a quelque chose d'assez similaire chez les Juifs avec la fonction rabbinique.

Est-ce cela que vous admirez dans la tradition juive ?

Je suis très attentif à l'intelligence de l'écrit, à la symbolique qu'il revêt et à ses échos constants. Dans la tradition juive, il existe une part écrite et non écrite. Cette approche talmudique du texte me fascine car l'intertextualité efface le distinguo entre texte sacré et texte non sacré. Quand vous parlez avec des rabbins, ils vous citent la Bible mais aussi des commentaires. Il y a chez eux un enchevêtrement, un jeu constant de commentaires. On prend et on trouve tellement de choses dans le pli de ces pensées. Dans l'intertextualité.

Qu'en est-il dans l'islam ?

Il y a aussi un sens de herméneutique chez les musulmans, mais il est enfoui. C'est encore une religion structurée par des éléments de filiation génétique et par l'autorité d'un texte pur. La part autoritaire du texte sacré et sa légitimité en source directe ont paradoxalement fait souffrir l'approche de l'écrit. Au point de la pervertir complètement. On le voit bien dans les approches les plus intégristes. Cette religion traverse aujourd'hui une crise. Car l'islam connaît sa phase d'inquisition.

Cette « phase d'inquisition » est-elle vraiment inhérente à toutes les religions ?

Je vais détendre tout le monde en vous répondant que les catholiques ont fait à peu près la même chose en leur temps : des crimes aussi odieux, des folies aussi furieuses, des crimes contre l'intelligence avec la même violence. C'est quelqu'un élevé par les jésuites qui vous dit cela et qui leur reste pourtant très attaché.

Comment avez-vous perçu l'apport de la pédagogie jésuite ?

La plupart des gens arrivaient à la Providence, à Amiens, pour des raisons qui n'avaient pas grand-chose à voir avec la religion… Tout simplement, les classes moyennes pratiquaient une stratégie d'optimisation de la classe scolaire. C'est peut-être politiquement incorrect de le dire comme ça mais les établissements privés sous contrat servaient à ne pas tomber dans le collège du coin où les profs ne faisaient plus leur boulot… Peu à peu, ce nouvel apport démographique a changé la nature des établissements privés sous contrat.

Et à propos de la pédagogie jésuite ?

À mon époque, la pédagogie jésuite était encore présente sous la forme d'un certain éclectisme. Il en restait quelques traces et quelques règles. Je me souviens d'un père jésuite qui enseignait. Mais cette pédagogie était plus présente à Franklin – où mon épouse a travaillé ensuite – et où les jésuites étaient encore triomphants. Mais, peu à peu, les jésuites se sont écartés de l'enseignement.

Quel est votre sentiment sur François, le « pape jésuite » ?

Je trouve que François est un pape très « en même temps ». Ce qui est drôle, c'est que ce pape jésuite s'ingénie à se comporter comme un franciscain ! Entre nous, il ne se comporte pas vraiment comme un jésuite. Il n'a pas cette prétention de savoir qui est structurante chez eux. Il n'a pas non plus cette forme de componction du jésuite dans son rapport au pouvoir. François est au contraire dans une forme de lutte et de dénuement contre le pouvoir. François montre indéniablement une filiation jésuite par la finesse de son jugement et son approche de la morale. Cela dit, son jésuitisme sud-américain est très différent de celui auquel nous sommes habitués en Europe. Les religieux que Jean Lacouture a pu décrire sont d'abord des jésuites européens. L'Europe reste leur souche première.

Plus tard, Paul Ricœur a-t-il réveillé en vous un véritable questionnement métaphysique ?

Bien sûr ! Vous remarquerez que le texte sur lequel j'ai construit mon compagnonnage avec lui – *La mémoire, l'histoire et l'oubli* – comporte une première partie métaphysique et ontologique. Sa pratique religieuse a irrigué sa manière de faire de la philosophie. Ricœur fait de la philosophie comme un protestant, c'est-à-dire en « herméneute ». Côtoyer avec lui les grands textes de la métaphysique classique – Platon, Aristote et autres –, c'est côtoyer des textes qui ont à voir avec le religieux.

Ricœur était-il un homme religieux ?

Cette particularité lui a posé des problèmes avec la plupart des intellectuels français qui n'avaient pas ce même rapport au texte que lui. Cela vaut aussi pour son rapport à la psychanalyse qui traduit l'incompréhension totale des intellectuels. Ce fut pour Ricœur une blessure profonde. Ce dernier a toujours refusé les éléments plaqués ou les doctrines. Il m'a libéré de tout ça. Je crois à la déconstruction de l'idéologie par le rapport au texte. J'insiste là-dessus, cette déconstruction est le fruit de l'herméneutique et de la métaphysique. Cela résume toute l'histoire de Ricœur. C'est le penseur qui va démonter un structuralisme triomphant avec un livre intitulé *De l'interprétation. Essai sur Freud*, qui date de 1965. Il fait paraître cet essai en plein règne du structuralisme. Cela va lui valoir la détestation de Lévi Strauss et de quelques autres comme Lacan… Ils vont complètement l'ostraciser.

Ricœur est perçu comme une véritable anomalie intellectuelle dans son propre pays. Il va prendre des responsabilités au sein de l'Université – ce qui passe pour abject pour nombre d'intellectuels. Ce faisant, il se prend dans la figure mai 1968 et quitte la France. Il va vivre sa vie intellectuelle dans un univers anglo-saxon plus marqué par l'importance du rapport au texte. Il fréquente Annah Arendt et l'école de Chicago. Il ne reviendra en France que pour prendre sa retraite. Il est alors un quasi inconnu.

Allez au contact des opposants, chercher à convaincre, c'est aussi un héritage de Ricœur ?

Oui. Je tiens de lui cette volonté de réduire la part rationnelle de l'opposition. Le dialogue, l'échange, la déconstruction de l'opposition permettent justement de la dépassionner. Cela est même la condition pour vivre ensemble. Le pire, selon moi, c'est la violence politique sur laquelle Ricœur a beaucoup écrit. Cette violence correspond à la fin de l'argument. Je ne crois pas à la violence totale mais à l'argumentation – la capacité de « discurser » – qui crée un espace commun. Cela permet ensuite d'envisager une action commune. Je suis conscient que cela ne marche pas systématiquement, mais on arrive progressivement à réduire l'opposition. C'est une chose naturelle en campagne politique et plus encore quand on se retrouve aux responsabilités.

L'autorité ne risque-t-elle pas de se perdre à force d'explications ?

La fonction crée une distance. Elle est nécessaire car le pouvoir comporte des éléments symboliques, des moments de décision et d'autorité. Mais cela ne doit jamais obérer la nécessité d'expliquer. Je crois, au contraire, qu'il faut installer un espace d'entendement commun qui permet de vivre en société.

Quel peut-être le rapport à la métaphysique d'un Président qui se définit volontiers comme agnostique ?

Je vis avec ce rapport quotidien à la transcendance qui structure ma vie. La métaphysique est un lieu qu'on sait là. Un lieu hors des lieux. On le sait proche mais jamais totalement atteignable… Ce lieu existe et structure tout le reste de l'espace. Il témoigne de notre rapport à l'absolu. Je crois que nous en avons ontologiquement besoin.

La laïcité n'est-elle pas une façon de tenir à distance le religieux ?

C'est la grande erreur de certains, dans leur lutte contre les religions, que de penser qu'on puisse réduire l'homme libre à une absence totale de transcendance ou à une transcendance laïque ou républicaine. Autrement dit, je ne crois pas à la religion des institutions. La Laïcité ne peut être un désert. C'est un sécularisme à la française qui permet à des hommes libres de croire intensément dans une religion tout en respectant intensément la République et la liberté d'autrui. La laïcité, c'est donc l'inverse de la double négation à laquelle certains veulent la réduire.

Le fait religieux est là et il est de plus en plus présent. Il faut comprendre que l'interdit politique qui pèse sur le religieux le rend toujours plus fort. Beaucoup de gens ne font plus confiance à la politique, ils lui préfèrent le religieux. Ils se construisent dans un rapport à l'absolu. Si on ne comprend pas ce mécanisme, on ne comprend pas ce qui se passe dans la société française. La présence du fait religieux est quelque chose de normal car il y a un besoin d'absolu chez l'homme. Du point de vue existentiel, je pense que ce rapport à la transcendance est justement ce qui caractérise l'homme – beaucoup plus que des choses contingentes.

En France, jusqu'à une époque récente, n'est-ce pas d'abord le catholicisme qui a incarné ce rapport au religieux ?

Ce que notre histoire nous apprend – et cela est très fort – c'est la nécessaire articulation à la liberté. Historiquement, en France, notre rapport à la religion a en effet été structuré par le catholicisme qui était prédominant et religion d'État. En ce sens, la religion catholique a asservi. Nos racines chrétiennes sont incontestables ; elles sont à la fois glorieuses et sombres. On a fait les pires choses au nom de cette religion… Elle a été le vecteur d'un asservissement politique et d'une lutte contre la raison. La laïcité est un processus historique qui a permis à la raison de s'émanciper du fait religieux car ils n'étaient plus compatibles à un moment. Elle a permis à de nouvelles formes politiques d'advenir qui respectent la liberté de l'individu et la construction d'un homme libre. On a trouvé avec la laïcité le *modus operandi*. Cela dit, cette règle du jeu de la laïcité ne peut se substituer au fait religieux. Ce serait une aberration !

Même le fait religieux peut parfois sembler irrationnel ?!

Nous sommes en train de perdre une bataille, celle de la raison. Nous connaissons une crise du rationalisme. Elle est d'abord liée à la montée des tensions religieuses, principalement au sein de l'islam, mais cela traverse tous les monothéismes. Je pense notamment au courant évangélique qui peut dérailler facilement face à la raison. Cette bataille se joue sur fond d'un hyper relativisme qui est le fruit du modernisme des années soixante-dix. Moi, je veux invoquer la raison. Si on ne mène pas ce combat, il sera forcément perdu.

Serez-vous entendu ?

Pour moi, le critère est de savoir si les gens sont heureux ou pas. Si les gens sont heureux dans un système faux, il y a peu de chance que vous les rendiez plus raisonnables ! Mais je crois que nos contemporains sont malheureux de cette situation où on voudrait leur faire croire que toutes les choses se valent dans un fracas sans distinction. Les Français ont impérativement besoin d'un chemin d'espoir.

Pourquoi insistez-vous sur la réconciliation des mémoires pour réconcilier les Français ?

Certaines péripéties le montrent, comme la polémique autour de mon anniversaire au château de Chambord. Il y a un traumatisme très contemporain. Certaines personnes réclament une forme d'immédiateté absolue qui refuse notre passé. Or il faut bien admettre que nous venons de plus loin ; quelque chose de plus lourd et de plus fort que le présent nous porte. Je crois à un certain rapport au beau, à la raison et à une métaphysique française qui précède la Révolution. Autrement dit, Chambord n'est pas un lieu d'abomination et François Ier fait partie de ces figures tout à fait respectables de notre histoire.

En quoi François Ier est-il un modèle ?

François Ier, mais aussi Henri IV, ont eu l'un et l'autre un rapport très intense à la religion. Ils ont accepté de vivre les tensions de leur siècle tout en cultivant un rapport à l'art et à la littérature. Commander le pays supposait un certain rapport à la transcendance. Quand on choisit, comme François Ier, d'être représenté par une salamandre – assise dans les flammes et crachant des gouttes d'eau – on assume le caractère résolument métaphysique de ce symbole. Il en va du rapport au bien et au mal. François Ier a fait ce choix d'imprimer du sens.

Le pouvoir a donc une part sacrée ?

Assumer cette part symbolique est indispensable. Je veux parler de cette part sociale du fait religieux et aussi de cette part individuelle du rapport à la transcendance. Il y a ici une dimension « cathartique » qui aide les gens à se structurer. Faute d'autorité et de sens, la société devient une espèce de brouet. Tout se vaut et la parole qui vient du pouvoir est une parole parmi d'autres. On est dans un univers de commentaires. Le Président doit prendre sa propre part de la transcendance qui, elle, est symbolique. C'est le sens qu'il donne aux choses et sa capacité à faire figurer le réel et le quotidien différemment. Cela est un sujet décisif pour le pouvoir. En un mot, cela signifie présider et pas seulement gouverner. Gouverner, c'est prendre des décisions. On administre un pays mais on n'administre pas un peuple. On vibre avec lui, on le ressent, on lui donne du sens.

Régis Debray estime que vous incarnez les valeurs du « néoprotestantisme » ?

Le cœur de son essai consiste à démontrer que je suis un « néoprotestant ». Mais personne ne sait dire ce qu'est le « néoprotestantisme » de Régis Debray, y compris les protestants eux-mêmes ! C'est le principal problème de son ouvrage. Ensuite, il parle très peu de moi… Du coup sa démonstration se rapproche de l'ensemble vide. En fait, son livre traduit une obsession bien française d'être débordé par une doxa américaine. Sa thèse est complètement fausse ! Moi j'essaye de comprendre le monde tel qu'il va. Je ne suis pas du tout fasciné par les États-Unis d'Amérique. Et je suis terriblement français en ceci que le Français n'a jamais eu peur de l'autre. Vous savez, Lafayette n'a pas peur de l'Amérique ! Pourquoi devrait-on refuser, quand on est français, toute comparaison ? Je ne me reconnais pas dans ces spasmes de peur. Il y a ici une nostalgie brouillonne de certains intellectuels. Nostalgie de quelque chose que cette génération n'a pas vraiment connu et qu'elle a plutôt contribué à faire disparaître. Moi, je n'ai jamais été *Che guevariste* comme Régis Debray. C'est quand même drôle de se retrouver en défenseur du drapeau Français quand on vient d'une génération qui voulait sa disparition…

Et les valeurs du protestantisme ?

J'ai des sympathies pour cette religion et les familles philosophiques qui l'accompagnent. Elle a contribué à me former intellectuellement.

Quelle est votre vision de la nation ?

Tout le défi de ma génération consiste à savoir être français au XXIe siècle et à construire un nouveau rapport au pouvoir. Pour ce faire, il faut tourner la page de ces années qui ont été des années d'errance absolue quant à la nation. On a trop voulu déconstruire le pouvoir en imaginant que c'était une forme de libération. C'est avoir lu Sartre à l'envers ! Je suis convaincu que la liberté devient vite un néant si elle ne se confronte pas à une dialectique permanente. C'est toujours la dialectique qui construit une nation. Quand la dialectique disparaît, elle est laisse la place à l'effondrement ou au spasme. Toujours à une grande brutalité. On a donc besoin d'une médiation pacifique qui se trouve dans le dialogue. Mais faute de cet arc électrique construit par le pouvoir, rien ne tient. Je le répète, je ne crois pas à une société postmoderne où toutes les paroles se valent, où tout serait mis sur un plan d'égalité de façon factice. Sinon il n'y a plus de structure. Il faut absolument une structure pour se confronter à elle et s'en libérer. C'est le prix d'une liberté réciproque. Il faut une tension avec la liberté de l'autre et l'altérité.

Pourquoi attachez-vous tant d'importance à la notion d'altérité ?

Je crois à l'altérité profonde. Certains militants de l'égalité homme femme ne comprennent pas du tout ça. Ils détestent cette notion. Mais, sans altérité, on ne pourrait pas parler d'égalité entre l'homme et la femme ! Un homme, ce n'est pas une femme ! Je ne suis pas pour la confusion des sexes ni pour habiller Paul en fille. Tout ça, c'est n'importe quoi ! Certains militants campent dans un hyper matérialisme nihiliste et veulent tout réduire à une construction sociale. La présence de l'autre crée de la tension, de l'attraction, de la résistance. C'est cela même qui fonde la société.

Il en va de même dans notre rapport à l'étranger. Il y a parfois chez nous une peur panique de l'étranger. C'est une crainte irrationnelle. Je veux préserver l'accueil des réfugiés mais sans céder à cette thèse morbide qui considère tous les étrangers sans distinction comme bienvenus et qui mène au collapse de la société. Qui va payer tout cela au final ? Il faut bien admettre que cet étranger est un autre. Ce n'est pas un Français. Est-ce que je peux encore accueillir si je décrète que je n'ai plus de maison ? ! Est-ce que je peux accorder l'hospitalité si je ne m'accepte plus comme accueillant ?

Sans altérité pas de société viable ?

Exactement. C'est vital pour moi de comprendre le rapport à la transcendance et à l'Autre absolu. L'insécurité dont souffrent les gens par rapport au religieux va souvent de pair avec la peur de l'autre. Ceux qui ne supportent pas le religieux sont en général les mêmes qui n'aiment pas la différence des sexes ; ceux qui voudraient nier la différence d'origine. Or, les gens sont différents. Il ne faut jamais le nier. Cela ne veut pas dire qu'untel vaut plus que l'autre, mais tout simplement qu'il est différent de moi. Il faut reconnaître ce que cette différence nous apporte. Dans la relation amoureuse, par exemple, je ne vais pas m'aimer moi-même ! J'aime l'autre car il est radicalement autre. L'amour est magnifique en ce qu'il est par définition un saut dans l'inconnu. Dans le rapport à Dieu, il en va de même. J'aime quelque chose que je ne comprends pas. Ce radicalement Autre, il faut l'accepter aussi dans la société.

Cette logique vaut aussi pour des minorités comme les chrétiens d'Orient ?

Évidemment. Il y a une filiation évidente entre eux et nous. Ils appartiennent à la religion du livre et vivent en son épicentre. Il ne faut jamais l'oublier. Ils ont su résister et je pense que c'est le cœur même du fait religieux. Nous faisons bégayer terriblement l'Histoire. Les chrétiens d'Orient revivent le martyre de leurs prédécesseurs qui ont construit la chrétienté telle que nous la connaissons chez nous. Ils revivent des heures sombres qui font les chrétiens plus forts encore.

Je suis convaincu que dans cette région il n'y a pas de hasard. Les lieux saints sont comme des palimpsestes. Cette région porte toutes les religions de livre et elle est en train de devenir folle… Toutes les minorités – les soufis en Libye ou les Coptes en Égypte – notre devoir humaniste est de les protéger.

EMMANUEL MACRON

ENTRETIEN DU 20 DÉCEMBRE 2021

Quels sont les auteurs qui, aujourd'hui, vous aident à penser votre rapport à Dieu et aux phénomènes religieux ? Quelles lectures vont influencer demain vos décisions et votre politique ?

Je suis marqué par Paul Ricœur qui, protestant, en revenait toujours aux écritures. *Sola scriptura* ! Je me reconnais dans ce principe issu de la Réforme qui donne beaucoup de valeur à l'herméneutique des textes sacrés.

Au-delà, la question du retour du religieux est au cœur de mes réflexions. Sans défendre un nouvel en même temps, je suis à la fois Weber-Comte-Gauchet, c'est-à-dire que je fais le constat d'une sécularisation du monde. Et Peter L. Berger ou, en France, Gilles Kepel, qui analysent le retour du religieux ou la « revanche de Dieu ». Autrement dit, je crois que s'il y a eu une séparation de la sphère du politique et de la sphère religieuse, qu'en France nous avons établie avec la loi de 1905, cela n'a en rien effacé le besoin de transcendance qui, au contraire, s'est vu décuplé par l'éclatement des référentiels, des solidarités collectives, l'anomie. Et donc, lorsque je prends des décisions, bien sûr, j'ai à l'esprit ces tensions.

La crise sanitaire a-t-elle remis en cause chez vous une certaine confiance dans le Progrès qui porte l'histoire occidentale ?

Je crois tout l'inverse. Un seul exemple : nous avons été capables, en quelques mois seulement, de trouver plusieurs vaccins, de les produire et de les distribuer à des milliards de personnes. Y a-t-il meilleure preuve que, comme Dieu, le progrès n'est pas mort ? En revanche, le relativisme et la défiance ont fragilisé l'adhésion au progrès scientifique et donc aux décisions prises en son nom.

Au regard des soubresauts sanglants de l'islamisme, estimez-vous que toute religion est contrainte de passer par une phase de violence ? En quoi l'islam oblige le politique à une approche spécifique et inédite ?

Si l'on regarde l'Histoire des grandes religions monothéistes, toutes ont été effectivement marquées par des poussées de fièvre violente. Nous le savons bien en France, qui a connu la Saint-Barthélemy. Après, je ne crois pas à une lecture téléologique des choses : il n'y a pas de fatalité au bain de sang. S'agissant de l'islam, je ne crois pas qu'il y ait d'approche spécifique à avoir. Au contraire, cette religion suit, pour le plus grand nombre, le chemin qu'ont emprunté les religions chrétiennes ou le judaïsme voilà plus d'un siècle, c'est-à-dire la soumission aux lois de la République. Et donc, ce que nous combattons, ce n'est jamais l'islam, ce sont les dérives extrémistes qui conduisent à remettre en cause l'ordre républicain. C'est tout l'objet de la loi dite « de lutte contre les séparatismes » qui a été élaborée à partir de l'expérience de femmes et d'hommes de terrain souvent confrontés à l'islamisme radical mais qui est applicable pour tous les comportements qui s'éloignent des valeurs républicaines, qu'ils soient inspirés par l'islam ou par d'autres religions.

Comment comprenez-vous que des citoyens français puissent en venir un jour à tuer des innocents au nom de Dieu ?

Personne ne le comprend et c'est pour cela que la République est intraitable : jamais nos forces de l'ordre n'ont été à ce point mobilisées pour contrôler des lieux de culte où sont prêchés des discours de haine, retracer le financement des mosquées, fermer les lieux qui, débits de boissons ou salles associatives, sont souvent des lieux d'endoctrinement. Mais, comme je l'ai dit aux Mureaux, nous devons en même temps assumer la reconquête républicaine partout sur le territoire. C'est en effet quand la République recule que le pire prospère. Et donc, il faut construire des écoles, permettre l'accès à la culture, rénover les quartiers, donner un espoir, une considération à chacun, redonner du sens à l'égalité des chances. La République doit redevenir un horizon mobilisateur. C'est ce que nous faisons et c'est comme cela que nous réussirons.

Vous êtes attentif au travail séculaire de l'herméneutique issue du judaïsme et repris dans le christianisme. Pensez-vous que les penseurs musulmans, en France, soient en train d'emprunter le même chemin ?

De nombreux penseurs musulmans empruntent en effet ce chemin. Le défi est que cette voie-là, celle d'un islam des Lumières, qui correspond d'ailleurs à une longue tradition dans l'histoire de cette religion – que l'on songe à l'islam de Cordoue –, se fasse davantage entendre. Voilà pourquoi, dans le discours des Mureaux, j'ai annoncé des dispositions fortes pour développer un islam des Lumières avec, par exemple, la création d'un Institut français d'islamologie. Je n'ai pas à me prononcer de là où je suis sur ces sujets mais je dois dire que je trouve les écrits de personnalités comme Soheib Bencheikh, en France, ou, plus loin de nous, le regretté Nasr Hamid Abû Zayd, très riches.

Comment expliquez-vous la fascination d'une certaine jeunesse pour l'islam radical contrairement à leurs parents et grands-parents ?

Les jeunes musulmans sont comme tous les jeunes : fils d'une époque marquée par l'ère des grandes peurs, du retour de la violence, de la radicalité. Et donc, dans la tentation radicale d'une partie de la jeunesse qui, par une vision dévoyée de l'islam, exprime une défiance plus grande vis-à-vis de la République, et qui place souvent les lois de la religion en premier, il y a un peu de cela. Je crois ensuite que l'islam radical est une mauvaise réponse à un désir de sens qui, lui, est réel, et que la fin des idéologies, le recul de l'esprit national, le retrait parfois de la République ont laissé un grand vide que les entrepreneurs de haine savent saisir. Et donc à nous de proposer une autre voie, de donner du sens. C'est ce que j'essaie de faire, par exemple, en mettant en valeur les héros français.

La « radicalité » en matière religieuse est-elle toujours dangereuse et condamnable ?

La radicalité n'est pas une valeur condamnable en soi. Je dis moi-même souvent qu'il faut être radical dans les mesures prises, l'ambition de transformation, les réformes. Mais quand la radicalité se meut en rejet, en défiance, en séparation par rapport à ce qui fait le commun, en violence meurtrière oui, elle devient dangereuse.

Certains continuent à penser que vous jouez, à la veille de la présidentielle, un « agenda caché » concernant des questions sensibles comme l'euthanasie ou la GPA. Le politique n'est-il pas contraint d'entendre et d'accompagner les demandes de la société ? Peut-il résister à certaines demandes sociétales ? Et au nom de quoi ?

Je ne crois pas que la politique soit une chambre d'enregistrement des demandes sociales. Au contraire, il est toujours préférable d'avoir le courage de ses convictions, y compris contre l'opinion publique : regardez ce qu'avait par exemple fait le président Mitterrand sur l'abolition de la peine de mort.

Sur les questions que vous évoquez, je n'ai pas d'agenda caché. J'ai toujours dit mon opposition à la GPA et, tant que je serai Président de la République, nous n'irons pas dans cette voie. Sur l'euthanasie, j'ai rappelé que j'étais pour l'application de la loi et la réduction des souffrances. Faut-il aller plus loin ? Je crois pour tout dire que ce sujet intime, qui touche chacun de nous, est de nature civilisationnelle et donc, que cela mérite un débat très large, que les responsables politiques ne doivent pas capturer.

Qu'est-ce qui vous paraît « transgressif » dans les dernières lois bioéthiques ? Cette transgression est-elle à vos yeux un mal nécessaire pour faire accoucher une certaine vision du « Progrès » ?

Une loi bioéthique est par essence transgressive au sens où elle « marche au-delà » pour reprendre l'étymologie du mot, qu'elle permet ce qui était impossible. Je ne parlerais pas en revanche de « mal nécessaire » car ce qui guide à chaque fois les mesures prises, c'est au contraire une profonde générosité, la réponse à des situations de souffrance, de difficultés. Une certaine idée de l'humanisme. C'est par ailleurs la possibilité pour la science de continuer à chercher sur le vivant, d'utiliser les dernières techniques en donnant un cadre éthique ; et donc aller au-delà pour mieux connaître mais aussi en limitant mieux ce qui doit l'être.

Que pouvez-vous dire du rapport quasi religieux des Français à la République et au chef de l'État ?

La France est une Nation qui s'est construite d'abord par l'État. C'est l'État qui la tient, l'État qui nous unit, l'État qui nous relie pour faire référence au sens premier du mot religion. Nos rois ont par ailleurs longtemps eu ce lien avec la religion catholique, tirant pour partie leur légitimité et leurs attributs de celle-ci. Et donc oui, il y a nécessairement un rapport particulier entre les Français, l'État et celui qui incarne l'État, le Président de la République. Il y a aujourd'hui un lien direct, sensible et sans doute spirituel entre nos compatriotes et le chef de l'État. C'est le fruit de notre Histoire et l'essence même de la Ve République avec l'élection au suffrage universel direct du Président de la République.

On vous a taxé de vouloir incarner un pouvoir « jupitérien ». Est-il encore nécessaire pour la République de vouloir combler ce vide symbolique laissé par la disparition de la monarchie et la décapitation symbolique du roi ?

Plus que jamais, dans un contexte marqué par l'individualisation, la tentation de l'archipel, l'éclatement des idéologies, une Nation a besoin d'unité. Cette unité est symbolisée par le Président élu au suffrage universel, quel qu'il soit. Elle s'exprime dans des rendez-vous, comme des rites nationaux que sont les cérémonies mémorielles, les hommages, la fête nationale, les moments de projection aussi. Tout Président est dépositaire de cette part-là de l'âme française. C'est une ontologie.

Les « valeurs de la République » ne sont-elles pas tentées de prendre la place en 2022 des Dix commandements ?

Je ne crois pas à une religion d'État qui se substituerait aux religions, ni à la fête de l'Être Suprême ! Qu'en revanche, chacun comprenne qu'être Français, c'est d'abord des devoirs et notamment celui de défendre les valeurs de la République est pour moi essentiel.

La mystique finit parfois (voire souvent) en politique. Êtes-vous sensible à cette loi non écrite observée par l'écrivain Péguy ?

Je crois surtout qu'il y a une part de mystique dans la politique en cela qu'elle a à porter un récit, une transcendance, un au-delà de soi.

Vous avez eu l'ambition de réconcilier les Français entre eux au-delà des clivages politiques traditionnels. Comment comprenez-vous la persistance d'une société française morcelée où règnent la défiance et la violence ?

J'ai toujours cette ambition et je crois qu'il y a en France une part de solidarité, d'aspiration à l'unité qui emporte tout. Nous l'avons mesuré durant la pandémie où chacun a joué son rôle pour se protéger bien sûr mais surtout pour participer à l'effort collectif. Nous le mesurons à chaque fois qu'un événement, tragique ou heureux, se produit. Je sais les analyses qui sont faites sur les divisions de notre pays, l'individualisme exacerbé. Mais je suis optimiste. Je crois que si nous parvenons à projeter la Nation vers un avenir commun où chacun peut trouver sa place, réconcilier les Français est un non pas un rêve, mais un horizon raisonnable.

Comprenez-vous l'angoisse de ces Français qui ont l'impression que le monde de leurs parents s'écroule et avec lui toutes ses références religieuses et culturelles ?

Toutes les époques vivent avec le mythe d'un âge d'or. La nôtre n'y échappe pas et ce phénomène est renforcé par le fait qu'en quelques années seulement, de grandes figures politiques et culturelles qui avaient peuplé notre intimité ont disparu. À cela s'ajoute un contexte inédit où nous avons pris conscience que notre modèle français et européen, fait de liberté individuelle, d'égalité des droits, de sens de la solidarité et de croyance en la démocratie était loin d'être un idéal partagé par tous. Sur fond de fin des idéologies et de recul des grands schémas d'explication du monde, cela crée en effet une insécurité culturelle et donc une angoisse légitime. À cela, s'ajoutent le chômage de masse et la désindustrialisation que nous avons trop longtemps connus et qui ont installé le sentiment d'une dépossession et de fin du progrès. Au politique de recréer une espérance et de montrer comment nous pouvons encore avoir prise sur notre destin.

Quel est aujourd'hui le « bien commun » qui nous reste en France pour vivre ensemble ? Est-il possible de forger un bien commun sans transcendance aucune ?

Notre transcendance, c'est la France ! Son histoire, sa géographie, sa culture, ses paysages. Mais aussi ce qu'elle emporte de valeurs : l'humanisme, l'égalité des droits, l'aspiration à parler au monde, une certaine idée du progrès. En somme l'esprit des Lumières. Voilà qui est de nature à rassembler.

Est-il normal que la République traite toutes les religions de la même manière sans tenir compte des réalités historiques, culturelles et sociologiques propres à la France ?

Celui qui a pensé la loi de 1905, Aristide Briand, disait : « Il fallait que la loi se montrât respectueuse de toutes les croyances et leur laissât la faculté de s'exprimer librement. » Je m'en tiens à cette ligne d'apaisement et neutralité. Notre culture, nos villages et nos villes, notre calendrier sont marqués par le christianisme et en ce que c'est notre Histoire et notre passé, il faut le préserver et le respecter. Qu'ensuite les historiens, les sociologues travaillent sur l'apport des différentes religions à l'histoire et à la culture française, c'est totalement légitime. J'ai moi-même eu l'occasion de dire combien le catholicisme, le protestantisme, le judaïsme et l'islam avaient façonné nos idées et notre rapport au monde.

Est-il opportun de faire peser – dans le cadre de la lutte contre le séparatisme – sur toutes les grandes religions des privations de liberté au nom de la lutte contre l'islamisme ? N'est-ce pas un aveu de faiblesse et d'ignorance ?

La loi a été élaborée à partir des dérives constatées sur le terrain par les préfets, les maires et les associations. Il se trouve que ces dérives sont souvent le lot de groupes ou de personnes se réclamant de l'islam et l'utilisant à des fins politiques, mais il n'est pas exclu que dans le futur, d'autres groupes, d'autres personnes, se livrent à des pratiques illicites au nom d'autres religions ou de principes philosophiques. Et donc, autant par souci d'efficacité que par volonté constitutionnellement garantie d'assurer une égalité de traitement entre les citoyens, la loi, effectivement s'applique à tous et à toutes les religions. Le Gouvernement a toutefois veillé à consulter largement l'ensemble des cultes pour éviter que les mesures prises ne les pénalisent. Et la loi vient aussi renforcer la laïcité, et la transmission des valeurs de la République. La loi du 24 août n'est donc pas une loi d'interdiction mais bien une loi de protection, de libération. Ce qui est visé est l'effectivité d'une laïcité républicaine. Qu'il s'agisse des écoles, des associations, des financements : les mêmes règles applicables à toutes les religions. Cela me semble juste et raisonnable.

Dans le discours des Bernardins, vous aviez encouragé l'Église à la « liberté de parole » (« cette voix qui sait dire ce qui fâche ») tout en la prévenant que cette voix ne pouvait être « injonctive ». Est-ce une manière de prévenir que les religions ne peuvent pas être source d'inspiration dans le domaine législatif ?

Je crois effectivement que la liberté de parole doit être totale. L'intérêt du débat démocratique c'est en effet que tous les points de vue puissent s'exprimer, sans filtre. Qu'à partir de là, puissent émerger des consensus, voire de nouvelles idées car comme le disait Marcel Proust « une idée forte donne un peu de sa force à son contradicteur ». Et c'est ensuite aux responsables légitimement désignés par les citoyens de décider et de trancher, non pas au nom des religions mais au nom du peuple français. Pas d'injonction donc. Mais une contribution qui peut être importante, voire décisive.

Quelles personnalités politiques croyantes et contemporaines vous inspirent sur la bonne gestion du rapport entre spirituel et temporel ?

Je dois dire que j'admire beaucoup le pape François qui est à la fois un homme d'Église et un chef d'État et qui sait affronter le réel, ses pesanteurs, ses difficultés sans jamais se départir de ses valeurs et notamment de son attention aux plus humbles.

La lecture de Ricœur, le dialogue avec Olivier Abel et plusieurs protestants m'inspirent toujours.

J'écoute toujours le grand rabbin Korsia et nul n'ignore ma proximité avec l'écrivain François Sureau.

Votre présidence a-t-elle fait évoluer votre pensée sur votre vision des croyants et de leur rapport avec la République ?

Y a-t-il une singularité des croyants dans leur rapport à la République ? C'est une question à laquelle il est difficile de répondre. Ce que je crois profondément, en revanche, c'est qu'entre l'acte de foi et l'adhésion à la République, il y a parfois une similitude. On adhère à la République et à ses valeurs pour des raisons rationnelles, parce que la République est un mode d'organisation sociale, de vie ensemble. Mais aussi parce qu'elle est dépositaire d'un je ne sais quoi, d'un supplément d'âme, d'un besoin de transcendance de soi pour le besoin du plus grand nombre.

Vous avez prétendu rompre avec la présidence Hollande et une certaine culture « anticléricale ». Avez-vous le sentiment d'avoir été mieux compris par les responsables religieux malgré les crises traversées (lois bioéthiques, crise sanitaire, etc.) ?

Je n'ai, c'est vrai, jamais conçu la laïcité comme un principe antireligieux. Au contraire, j'ai toujours cherché à entretenir le dialogue et je crois que pour chacun des événements que vous citez, les lois bioéthiques, la crise sanitaire, les responsables religieux peuvent attester qu'il y a eu des échanges nombreux et permanents, un enrichissement mutuel. Qu'ensuite il y ait des désaccords sur tel ou tel point, c'est naturel. Dans la République, l'ordre spirituel ne s'impose pas à l'ordre temporel. Mais l'essentiel est qu'il y ait effectivement compréhension mutuelle, dialogue possible, respect et considération.

Si vous deviez prononcer à nouveau le discours des Bernardins, quels points seraient à supprimer ou minorer, quels éléments mériteraient de nouveaux développements ?

Je prends un soin très particulier à l'écriture de mes discours. Et donc, au moment où il a été prononcé, je n'en retire rien. Si je devais refaire un discours aujourd'hui, il y aurait certainement en revanche de nouvelles problématiques à évoquer. La pandémie en est exemple qui non seulement a percuté les pratiques cultuelles mais a été porteuse d'interrogations nouvelles, avec le retour de la mort de nos vies.

Pendant la crise sanitaire, la messe n'était pas considérée comme un « bien essentiel ». Comprenez-vous le choc de ces catholiques qui ne pouvaient considérer la liberté de culte comme un droit négociable ?

La distinction entre bien essentiel et bien non essentiel n'est pas une bonne typologie, je l'ai d'ailleurs très vite abandonnée. Je mesure bien sûr le choc des catholiques, à qui on enlevait un moment qui rythmait l'existence, une liturgie. Ils ont su, comme la plupart des cultes et des organisations sociales, s'adapter, d'abord en organisant des cérémonies à distance, puis en mettant en place des protocoles sanitaires stricts. Je sais aussi qu'au-delà du choc, les catholiques qui placent la vie humaine au-dessus de tout ont compris pourquoi nous avons dû nous résoudre à ce choix. En 1995, le pape Jean-Paul II, a publié une encyclique célèbre, *Evangelium Vitae*, sur la valeur et l'inviolabilité de la vie humaine. Il y soulignait « le droit de tout être humain à voir intégralement respecter ce bien – la vie – qui est pour lui primordial ». Et d'ajouter : « C'est pourquoi l'homme, l'homme vivant, constitue la route première et fondamentale de l'Église. » Au fond, en acceptant de renoncer ponctuellement à la messe en présentiel, les catholiques ont donc été fidèles à ces préceptes.

Comment avez-vous vécu la polémique autour de la jauge à 30 personnes à laquelle le Conseil d'État a mis fin en donnant raison à l'Église ?

Je défends toujours l'État de droit. Le président de la République n'est pas le Gouvernement et la République ne se réduit pas à l'Administration. C'est bien la République et ses lois qui ont permis de lever cette jauge.

Vous avez eu l'ambition de restaurer une « relation abîmée » entre l'Église et la République après notamment la présidence de François Hollande. Estimez-vous être parvenu à une confiance retrouvée ?

Je crois que la relation entre l'Église et la République, qui s'inscrit dans un temps très long, a de l'avenir et que nous ne sommes que très modestement les continuateurs d'une grande Histoire. Ce que je peux dire, c'est qu'au quotidien comme dans les épreuves les plus difficiles – je pense à l'incendie de Notre-Dame ou à la pandémie –, nous avons toujours, avec les représentants de l'Église, pu mener un dialogue constructif, marqué par le sceau de la confiance. Et ce lien prend racine avant la République, ce qui, là aussi, nous oblige.

Vous avez encouragé la parole de l'Église comme un « point fixe » pour tous les Français. Mais ce « point fixe » n'est-il pas en contradiction avec l'action du politique en faveur d'un « progrès » sociétal ?

Notre époque, qui est marquée par la profusion des sources d'information, l'inflation des supports de communication et finalement la tentation du « tout se vaut » et de relativisme, a besoin de repères. L'Église, comme d'autres institutions, est de ces repères. Sur le reste, vous le savez, je ne crois pas au progrès pour le progrès. Je crois qu'à chaque fois que nous touchons au vivant, à des équilibres ancestraux, cela nécessite beaucoup de prudence, de peser le pour et le compte, de ne pas céder aux fièvres des temps. En cela, le « point fixe » incarné par l'Église est important et le rôle du politique essentiel.

Ce point fixe est aussi empreint de courage et de progrès. Le rapport Sauvé sur les abus sexuels dans l'Église en est l'exemple. L'Église de France, et je rends hommage au travail engagé par Mgr de Moulins-Beaufort, a entamé une œuvre de transparence avec lucidité et responsabilité. Elle a ainsi montré un chemin à toute notre société.

Vous avez déclaré qu'il faudrait que la République et l'Église apprennent à vivre ensemble « cahin-caha » avec le « côté intempestif » de l'Église et la nécessité pour le Président d'être « dans le temps du pays ». Quel bilan tirez-vous de votre quinquennat sur ce point ?

J'en reviens à une réponse précédente : il y aura toujours une saine tension entre l'ordre spirituel et l'ordre temporel. C'est même un principe tiré de la Bible. La question est comment faisons-nous de cette tension une force de création et non de destruction. Je crois que tout le long du quinquennat, nous avons, par le dialogue, été plus créateurs que destructeurs.

Les catholiques sont-ils dans leur rôle quand ils proposent à leurs concitoyens la conversion ? Êtes-vous sensible à ces nouvelles initiatives missionnaires qui entendent remettre « la question intranquille du salut » au cœur de « l'ordinaire des sociétés contemporaines » ?

Vous comprendrez que ce n'est pas au président de la République de dire si une religion a vocation ou non à convertir ! Sur la question de salut, je citerai, si vous me le permettez, saint-Augustin : « Tant qu'il y a de l'inquiétude il reste de l'espoir. » Oui, se projeter vers l'avenir et s'en inquiéter, est un moteur de progrès. J'en suis convaincu.

Vous avez voulu restaurer la « confiance des catholiques à l'égard de la politique et des politiques ». Avez-vous le sentiment d'avoir réussi votre pari à la veille de la présidentielle ?

La défiance envers les responsables politiques vient de si loin qu'elle ne se restaure pas en cinq ans. En revanche, je crois que par la volonté de dialogue, par les promesses tenues, par le respect de toutes les paroles et de toutes les libertés, nous avons commencé à retisser du lien. Cela reste fragile, toujours. Mais nous sommes sur la bonne voie.

Remerciements

À Sylvain Fort et Guillaume Tabard sans qui cet ouvrage n'aurait sans doute pas vu le jour.

Table des matières

Composition : Le vent se lève...

Dépôt légal : février 2022

Achevé d'imprimer chez SoBook le 11-02-2022

Linselles - France

N° impression : 753 644